단계별로 실력을 키워가는

うきうき
우 키 우 키
 일본어

STEP **2**

단계별로 실력을 키워 가는
new 우키우키 일본어 STEP 2

지은이 강경자
감수자 온즈카 치요(恩塚千代)
펴낸이 임상진
펴낸곳 (주)넥서스

초판   1쇄 발행 2005년 11월 20일
초판 13쇄 발행 2015년 3월 25일

2판 1쇄 발행 2016년 3월 10일
2판 8쇄 발행 2022년 9월 23일

출판신고 1992년 4월 3일 제311-2002-2호
주소 10880 경기도 파주시 지목로 5
전화 (02)330-5500 팩스 (02)330-5555

ISBN 979-11-5752-709-0 14730
(SET) 979-11-5752-707-6 14730

www.nexusbook.com

단계별로 실력을 키워가는

NEW
うきうき
우 키 우 키
일본어
STEP 2

강경자 지음 · 온즈카 치요 감수

넥서스 JAPANESE

첫머리에

어떻게 하면 쉽고 재미있게 일본어를 배울 수 있을까? 어떻게 하면 어디서든 인정받을 만한 완벽한 일본어 실력을 갖출 수 있을까? 현재 일본어를 배우고 있는 학습자나 앞으로 배우고자 하는 사람들에겐 영원한 숙제와도 같은 질문일 것입니다.

필자는 온·오프라인을 통해 오랫동안 일본어를 가르쳐 오면서 역시 이와 비슷한 의문을 가지고 있었습니다. 어떻게 하면 쉽고 재미있게 일본어를 가르쳐줄 수 있을까? 문법을 기초부터 탄탄하게 다져주면서 네이티브 같은 회화 감각을 길러주고, 게다가 어떤 표현도 자신있게 말할 수 있는 풍부한 어휘와 한자 실력까지 갖추도록 도와주고 싶은 마음이 간절하였습니다.

요즘은 예전에 비해서 좋은 교재들이 많이 출간되었고 여러 학원이나 학교에서 검증된 교재를 채택하여 사용하고 있지만, 막상 일본어를 학습하거나 가르치기 위해 좋은 책을 추천해 달라는 부탁을 받으면 고민하게 되는 것이 사실입니다. 왜냐하면 나름대로의 장점을 가지고 있는 일본어 교재는 많이 있지만, 완벽하게 일본어 학습상의 필요를 충족시켜 주는 체계적인 교재는 별로 없기 때문입니다.

일본어는 한국어와 여러 면에서 비슷한 언어 특성상 다른 언어에 비해 보다 쉽게 배울 수 있음에도, 효과적으로 일본어를 배우거나 가르칠 수 있는 교재는 많지 않았습니다. 예를 들어 회화는 연습이 중요한데, 간단한 문형 연습이 있는 교재는 많아도 기초 문법을 활용하여 실제 회화 연습을 할 수 있는 교재는 거의 없었습니다. 또한 일본어 학습자들이 가장 어려워하는 한자의 경우, 한자를 차근차근 익힐 수 있도록 한 교재는 참 드물었습니다. 더구나 요즘에는 쉽고 편한 길을 좋아하는 사람들의 심리를 이용하여 몇 마디 표현만 그때그때 익히도록 하는 흥미 위주의 교재도 눈에 많이 띄었습니다.

이러한 현실 속에서 조금이나마 일본어 학습과 교육에 도움이 되고자 하는 바람에서 이 책을 쓰게 되었습니다. 교재가 완성되어 가는 과정을 보면서 역시 부족한 점이 눈에 띄고 아쉬움이 많이 남지만, 기초 문법을 탄탄히 다지면서 실전 회화 감각을 익힐 수 있는 학습자들을 배려한 최고의 교재임을 자부합니다.

아무쪼록 이 교재가 일본어를 가르치거나 배우는 모든 분들에게 참으로 유익한 책이 되길 간절히 바라며, 끝으로 이 책이 출판되기까지 애써 주신 넥서스저패니즈의 여러 관계자 분들께 감사드립니다.

강경자

추천의 글

본 『우키우키 일본어』 시리즈는 주로 일본어 학원에서 쓰일 것을 염두에 두고 만들어졌으며, 등장인물은 회사원으로 설정되어 있다. 따라서, 각 과의 회화문은 대학 수업용으로 만들어진 교과서에 자주 나오는 학생과 학교 활동이 중심이 된 회화가 아닌, 일반적이고 보편적인 내용으로 구성되어 있다. 그래서 회사원은 물론이고 학생, 주부에 이르기까지 일본어를 처음 배우는 사람이 실제로 쓸 수 있는 표현을 단시간에 몸에 익힐 수 있도록 되어 있다.

본 교재는 기본적으로는 문형과 표현을 중심으로 명사문, 형용사문(い형용사·な형용사), 동사문과 기초 문법에 따라 차례대로 학습해 가도록 구성되어 있고, 각 과별로 다양한 장면을 설정한 연습문제와 FUN&TALK라는 자유로운 형식의 회화 연습문제도 있다. 즉, 일방적인 전달식 강의용 교재가 아니라 적극적으로 회화에 참가할 수 있도록 배려하여 강사의 교재 활용에 따라 수업 활동을 더욱 활발하게 전개시킬 수 있을 것이다.

또한, 본 교재의 특징으로 회화 안에서 사용되고 있는 어휘가 실제로 일본에서 쓰이고 있는 일상용어라는 점에 주목하고 싶다. 원래 교과서에서는 '휴대전화(携帯電話)'나 '디지털카메라(デジタルカメラ)'와 같은 생략되지 않은 사전 표제어 같은 형태가 제시되는 것이 기본이지만, 본 교재는 학습자가 일본인이 실제로 회화에서 쓰는 말을 알고 싶어하는 요구를 반영하여 'ケータイ', 'デジカメ'와 같은 준말 형태의 외래어(가타카나어)를 제시하였다.

이 교재만의 두드러지는 특징 가운데 또 하나는 일본어 초급 교재에서는 잘 볼 수 없는 한자와 외래어(가타카나어) 쓰기 연습이 제공되고 있다는 점이다. 한국어를 모국어로 하는 학습자는 비교적 일본어 학습 능력이 뛰어나다고 할 수 있으나 한자나 가타카나 표기가 서투르거나 잘 모르는 경우가 많다. 수업 중에 짬짬이 이러한 표기법이나 한자의 의미 등을 접할 기회를 고려하고 있는 점이 본 교재의 새롭고 뛰어난 점이라고 말할 수 있을 것이다.

덧붙여, 각 과마다 재미있는 삽화를 넣어 학습자가 학습 내용을 보다 쉽게 이해하고, 학습 의욕을 불러일으킬 수 있도록 하였다.

이처럼 다양한 학습상의 배려가 돋보이는 교재라는 점을 고려하여 많은 학원과 학교에서 쓰이기를 권한다.

恩塚 千代

구성과 특징

Dialogue

일상생활에서 흔히 접할 수 있는 주제를 중심으로 한 실제 회화로 이루어져 있습니다. 이 본문 회화에는 우리가 반드시 알아야 할 기초 문법과 어휘가 들어 있어서 자연스럽게 어휘, 문법, 회화를 동시에 익힐 수 있습니다. 무엇보다 처음 접하는 본문의 어려움을 최소화하기 위해서 본문 내용을 만화로 보여줌으로써 보다 재미있고 쉽게 공부할 수 있도록 배려하였습니다.

Grammar

문법과 문형 파트에선 Dialogue에 나온 기초 문법을 보다 더 체계적이고 꼼꼼하게 학습할 수 있도록 예문을 제시하되 중요 문법인 경우 각 품사별 문형을 보여줌으로써 정확한 문법의 이해를 돕고 있습니다. 새로운 단어의 경우 어휘 풀이를 넣어 스스로 예문을 해석할 수 있도록 하였습니다.

Let's Talk

이 교재의 가장 큰 특징 중의 하나는 본문과 문법 파트를 통해 익힌 문법과 회화 감각을 최대한 길러 주는 회화 연습이 풍부하다는 것입니다. 대부분의 일본어 기초 교재가 단순한 문형 연습에 그친 것에 반해 이 책의 회화 연습 코너는 쉽고 재미있는 문제를 풍부하게 제공하고 있어 단시간에 문법과 회화를 자신의 것으로 만들 수 있는 장점이 있습니다. 또한 연습 문제를 청취 연습으로도 활용할 수 있게 함으로써 소홀해지기 쉬운 청취 부분을 더욱 강화하였습니다. 이를 통해 말하고 듣는 훈련 과정을 최대한 쉽게 소화해 낼 수 있도록 하였습니다.

Exercise

각 과마다 작문 문제를 5개씩 담았습니다. 각 과에서 학습한 주요 문법을 활용하여 기초적인 표현을 다시 짚어 봄으로써 읽고 말하고 듣고 쓸 수 있는 능력을 기를 수 있도록 하였습니다.

일본어 한자의 음독 · 훈독을 확인하고 쓰기 연습을 함으로써, 한자에 대한 기초 실력을 처음부터 탄탄히 쌓아갈 수 있도록 하였습니다. 난이도는 일본어능력시험 N3~N4 정도의 수준을 기준으로 하여 시험에도 자주 출제되는 중요하고 기초적인 한자입니다.

외래어 역시 최근에 들어서는 그 중요성이 더욱 강조되고 있는 만큼 1과~9과까지는 3개씩, 10과~18과까지는 2개씩 수록하여 외래어를 확실하게 익힐 수 있습니다.

Fun & Talk

마지막 파트에는 게임처럼 즐기며 자유롭게 회화를 할 수 있는 코너입니다. 이는 일반적으로 한인 회화 연습 시간에 사용되는 게임식 회화 자료로서, 기초 문법과 회화 연습을 마친 학습자의 경우 충분히 활용해 볼 수 있는 코너입니다. 이 코너를 통해 상황에 맞는 유창한 일본어 회화 실력을 재미있게 키워 나갈 수 있을 것입니다.

Workbook

각 Lesson에서 배운 단어, 문법, 회화 표현을 확인할 수 있도록 워크북을 별책으로 제공합니다. 문제를 풀면서 실력을 확인해 보세요.

차례

STEP 1

문자와 발음 — 10

LESSON 01 私は会社員です。 저는 회사원입니다. — 28
~は …です | ~では[じゃ]ありません | ~ですか | はい / いいえ

LESSON 02 それはだれの本ですか。 그것은 누구 책이에요? — 38
これ / それ / あれ / どれ | この / その / あの / どの | 조사 ~の · ~と · ~も

LESSON 03 会社は何時から何時までですか。 회사는 몇 시부터 몇 시까지예요? — 48
何時ですか | ~から …まで | ~が | 시간 익히기

LESSON 04 うどんはいくらですか。 우동은 얼마예요? — 58
いくらですか | ~(を)ください | ~で | 개수 세기 | 숫자 읽기

LESSON 05 お誕生日はいつですか。 생일은 언제예요? — 68
いつですか | ~じゃありませんか | ~ですね | 生まれ | 날짜와 요일

LESSON 06 日本語は易しくて面白いです。 일본어는 쉽고 재미있어요. — 78
い형용사 : ~です · ~くないです / ~くありません · 명사 수식형 · ~くて | ~よ

LESSON 07 賑やかで有名な町です。 번화하고 유명한 거리예요. — 88
な형용사 : ~です · ~では[じゃ]ありません / ~では[じゃ]ないです · 명사 수식형 · ~で | ~から

LESSON 08 どんな音楽が好きですか。 어떤 음악을 좋아하세요? — 98
~が好きです | どんな ~が好きですか | 비교 구문 | 최상급 구문

LESSON 09 クラスに学生は何人いますか。 반에 학생은 몇 명 있어요? — 108
あります / ありません | います / いません | ~にあります / います |
どこにありますか / どこにいますか | 위치 표현

정답 — 118

STEP 2

LESSON 01 暇な時、何をしますか。 한가할 때 무엇을 합니까? **12**
동사의 종류 | 동사의 ます형 : ～ます · ～ません · ～ました · ～ませんでした | 동사와 자주 쓰이는 조사

LESSON 02 今度の週末に遊びに行きませんか。 이번 주말에 놀러 가지 않을래요? **24**
목적 표현 | ～し | 권유 표현

LESSON 03 おいしい冷麺が食べたいです。 맛있는 냉면을 먹고 싶어요. **34**
희망 표현 : ～たい · ～たくない · ～がほしい · ～になりたい | 변화에 대한 희망 표현

LESSON 04 地下鉄駅まで歩いて行きます。 지하철역까지 걸어서 갑니다. **44**
～て | ～てください | ～ながら | 동사의 て형

LESSON 05 山田さんはオークションを知っていますか。 야마다 씨는 옥션을 아세요? **54**
～ています | ～ている+명사

LESSON 06 妹さんは田中さんに似ていますか。 여동생은 다나카 씨를 닮았나요? **64**
何人兄弟ですか | おいくつですか | ～に似ている | 結婚している

LESSON 07 お見合をしたことがありますか。 맞선을 본 적이 있나요? **74**
～た | ～たことがある | ～んです | 동사의 과거형(た형)

LESSON 08 あまり詳しく聞かないでください。 너무 자세하게 묻지 마세요. **84**
～ない | ～ないでください | ～でした / ～じゃありませんでした |
동사의 부정형(ない형) | 각 품사의 부정형(ない형)

LESSON 09 会社を辞めないほうがいいですよ。 회사를 그만두지 않는 편이 좋아요. **94**
～ないほうがいい | ～と思います | ～たほうがいい | ～てしまう[ちゃう] / ～でしまう[じゃう]

정답 **104**

단계별로 실력을 키워가는

NEW

うきうき
우 키 우 키

일본어

暇な時、何をしますか。

한가할 때 무엇을 합니까?

ひま　とき　なに

표현 익히기　동사의 ます형

💬 Dialogue

🎧 MP3 01-1

田中：姜さんは 暇な 時、何を しますか。

姜：そうですね。普通 家で インターネットゲームを します。

　　また 時々 チムジルバンへ 行きます。

田中：チムジルバン?

姜：はい、韓国式サウナです。

　　チムジルバンには いろいろな 種類の サウナ室、

　　食堂、パソコンルームなどが あります。

　　チムジルバンで 映画も 見ますよ。

田中：わあ〜、すごいですね。

姜：田中さんも 今度 いっしょに 行きますか。

田中：はい、ぜひ。本当に 嬉しいです。

다나카:	한척 씨는 한가할 때 무엇을 합니까?
강한척:	글쎄요. 보통은 집에서 인터넷 게임을 해요. 또 가끔 찜질방에 갑니다.
다나카:	찜질방?
강한척:	네, 한국식 사우나입니다. 찜질방에는 여러 가지 종류의 사우나실, 식당, 컴퓨터실이 있어요. 찜질방에서 영화도 봐요.
다나카:	와〜, 굉장하네요!
강한척:	다나카 씨도 다음에 같이 갈래요?
다나카:	네, 꼭이요. 정말 기쁩니다.

🔍 단어

暇(ひま)だ 한가하다 | 時(とき) 때 | 普通(ふつう) 보통 | 家(いえ)で 집에서 | インターネットゲーム 인터넷 게임 | 〜を 〜을 | する 하다 | また 또 | 時々(ときどき) 때때로 | チムジルバン 찜질방 | 〜へ 〜으로(방향) | 行(い)く 가다 | 韓国式(かんこくしき) 한국식 | サウナ 사우나 | 〜には 〜에는 | いろいろな 여러 가지 | 種類(しゅるい) 종류 | サウナ室(しつ) 사우나실 | 食堂(しょくどう) 식당 | パソコンルーム 컴퓨터실 | 〜など 〜등 | 映画(えいが) 영화 | 〜も 〜도 | 見(み)る 보다 | すごい 굉장하다 | 今度(こんど) 이번 | いっしょに 함께 | ぜひ 부디, 꼭 | 本当(ほんとう)に 정말 | 嬉(うれ)しい 기쁘다

GRAMMAR

동사의 종류

1. Ⅰ그룹 동사 (5단 동사)

❶ 동사의 어미가 う, く, ぐ, す, つ, ぬ, ぶ, む로 끝나는 동사

会_あう 만나다 　　　　行_いく 가다 　　　　泳_{およ}ぐ 헤엄치다

話_{はな}す 이야기하다 　　　待_まつ 기다리다

死_しぬ 죽다 　　　　遊_{あそ}ぶ 놀다 　　　　飲_のむ 마시다

❷ 어미가 る로 끝나는 동사 중 어간 끝모음이 [a], [u], [o]인 동사

(あ단, う단, お단 + る)

ある 있다 　　　　降_ふる (눈, 비가) 내리다 　　乗_のる 타다

❸ 예외 Ⅰ그룹 동사

入_{はい}る 들어가다, 들어오다 　帰_{かえ}る 돌아가다, 돌아오다 　知_しる 알다 　　切_きる 자르다

2. Ⅱ그룹 동사 (상하1단 동사)

る로 끝나는 동사 중 동사의 어간의 끝모음이 [i], [e]인 동사

見_みる 보다 　　　　起_おきる 일어나다

食_たべる 먹다 　　　寝_ねる 자다

3. Ⅲ그룹 동사 (불규칙 동사 / 변격 동사)

来_くる 오다 　　　　する 하다

② 동사의 **ます형**

Ⅰ그룹 동사 (5단 동사)	어미 う단 → い단＋ます	会う 만나다	➡	会い ＋ます	会います 만납니다
		行く 가다	➡	行き ＋ます	行きます 갑니다
		泳ぐ 헤엄치다	➡	泳ぎ ＋ます	泳ぎます 헤엄칩니다
		話す 이야기하다	➡	話し ＋ます	話します 이야기합니다
		待つ 기다리다	➡	待ち ＋ます	待ちます 기다립니다
		死ぬ 죽다	➡	死に ＋ます	死にます 죽습니다
		遊ぶ 놀다	➡	遊び ＋ます	遊びます 놉니다
		飲む 마시다	➡	飲み ＋ます	飲みます 마십니다
		ある 있다	➡	あり ＋ます	あります 있습니다
		降る 내리다	➡	降り ＋ます	降ります 내립니다
		もどる 되돌아가다	➡	もどり ＋ます	もどります 되돌아갑니다
	예외	入る 들어가다	➡	入り ＋ます	入ります 들어갑니다
		帰る 돌아가다	➡	帰り ＋ます	帰ります 돌아갑니다
Ⅱ그룹 동사 (상하1단 동사)	어간＋ます	見る 보다	➡	見 ＋ます	見ます 봅니다
		起きる 일어나다	➡	起き ＋ます	起きます 일어납니다
		食べる 먹다	➡	食べ ＋ます	食べます 먹습니다
		寝る 자다	➡	寝 ＋ます	寝ます 잡니다
Ⅲ그룹 동사 (불규칙 동사)		来る 오다	➡	＋ます	来ます 옵니다
		する 하다	➡	＋ます	します 합니다

3 ～ます   ～(ㅂ)니다 (동사의 정중형)

会社^{かいしゃ}へ 行^いきます。

ご飯^{はん}を 食^たべます。

勉強^{べんきょう}を します。

4 ～ません   ～(하)지 않습니다 (ます 부정형)

会社^{かいしゃ}へ 行^いきません。

ご飯^{はん}を 食^たべません。

勉強^{べんきょう}を しません。

5 ～ました   ～(았)었습니다 (ます 과거형)

友達^{ともだち}に 会^あいました。

映画^{えいが}を 見^みました。

デートを しました。

🔍 **단어** --

会社(かいしゃ) 회사 | **～へ** ~으로, ~에(방향) | **行**(い)**く** 가다 | **ご飯**(はん) 밥 | **食**(た)**べる** 먹다 | **勉強**(べんきょう) 공부 | **する** 하다 | **友達**(ともだち) 친구 | **～に 会**(あ)**う** ~을(를) 만나다 | **映画**(えいが) 영화 | **見**(み)**る** 보다 | **デート** 데이트

6

～ませんでした
～(하)지 않았습니다 (ません 과거형)

友達_{ともだち}に 会_あいませんでした。

映画_{えいが}を 見_みませんでした。

デートを しませんでした。

7

동사와 자주 쓰이는 조사

① ～を   ～을/를
　　　新聞_{しんぶん}を 読_よみます。

② ～と   ～와/과
　　　友達_{ともだち}と 遊_{あそ}びます。

③ ～へ   ～에, ～로 (방향)
　　　学校_{がっこう}へ 行_いきます。

④ ～で   ～에서 (장소) / ～로 (도구)
　　　海_{うみ}で 泳_{およ}ぎます。

　　　ボールペンで 書_かきます。

⑤ ～に   ～에 (위치, 시점) / ～을/를
　　　朝_{あさ} 6時_{ろくじ}に 起_おきます。

　　　友達_{ともだち}に 会_あいます。

 단어 --

新聞(しんぶん) 신문 ┃ **読**(よ)**む** 읽다 ┃ **遊**(あそ)**ぶ** 놀다 ┃ **学校**(がっこう) 학교 ┃ **海**(うみ) 바다 ┃ **泳**(およ)**ぐ** 헤엄치다 ┃ **朝**(あさ) 아침

LET'S TALK

🎧 MP3 Lesson 01-2

| 보기 |

A: 朝<small>あさ</small>ごはんを 食<small>た</small>べますか。

B: はい、食<small>た</small>べます。

　　いいえ、食<small>た</small>べません。

1 学校<small>がっこう</small>に 行<small>い</small>く / はい

2 コーヒーを 飲<small>の</small>む / いいえ

3 日本語<small>にほんご</small>で 話<small>はな</small>す / はい

4 朝早<small>あさはや</small>く 起<small>お</small>きる / いいえ

5 運転<small>うんてん</small>を する / はい

🔍 단어 ---

朝(あさ)ごはん 아침밥 | 食(た)べる 먹다 | 学校(がっこう) 학교 | 行(い)く 가다 | コーヒー 커피 | 飲(の)む 마시다 | 日本語(にほんご)で 일본어로 | 話(はな)す 이야기하다 | 朝早(あさはや)く 아침 일찍 | 起(お)きる 일어나다 | 運転(うんてん) 운전

Ⅱ 다음 보기와 같이 연습해 보세요.

│보기│

A: 昨日（きのう） 友達（ともだち）に 会（あ）いましたか。

B: はい、会（あ）いました。

いいえ、会（あ）いませんでした。

1　早（はや）く 家（いえ）に 帰（かえ）る / はい

2　飲（の）み屋（や）へ 行（い）く / いいえ

3　映画（えいが）を 見（み）る / はい

4　デートを する / はい

5　友達（ともだち）は 来（く）る / いいえ

🔍 단어 --

昨日(きのう) 어제 ｜ 友達(ともだち) 친구 ｜ 会(あ)う 만나다 ｜ 早(はや)く 빨리 ｜ 家(いえ) 집 ｜ 帰(かえ)る 돌아가다 ｜ 飲(の)み屋(や)
술집 ｜ 行(い)く 가다 ｜ 映画(えいが) 영화 ｜ 見(み)る 보다 ｜ デート 데이트 ｜ 来(く)る 오다

EXERCISE

다음 빈칸에 알맞은 말을 넣어 보세요.

❶ 일본에 갑니다. (行^いく)

日本^{に ほん}に ＿＿＿＿＿＿＿＿＿＿＿＿＿＿＿＿

❷ 일본어로 이야기합니다. (話^{はな}す)

日本語^{に ほん ご}で ＿＿＿＿＿＿＿＿＿＿＿＿＿＿＿＿＿＿＿

❸ 술은 마시지 않습니다. (飲^のむ)

お酒^{さけ}は ＿＿＿＿＿＿＿＿＿＿＿＿＿＿＿＿＿＿＿

❹ 친구를 만났습니다. (会^あう)

友達^{とも だち}に ＿＿＿＿＿＿＿＿＿＿＿＿＿＿＿＿＿＿＿

❺ 공부를 하지 않았습니다. (する)

勉強^{べん きょう}を ＿＿＿＿＿＿＿＿＿＿＿＿＿＿＿＿＿＿＿

🔍 단어 --

日本(にほん) 일본 ｜ **行**(い)**く** 가다 ｜ **日本語**(にほんご) 일본어 ｜ **話**(はな)**す** 이야기하다 ｜ **お酒**(さけ) 술 ｜ **飲**(の)**む** 마시다 ｜ **友達**(とも
だち) 친구 ｜ **会**(あ)**う** 만나다 ｜ **勉強**(べんきょう) 공부 ｜ **する** 하다

新
새로울 신

음독 しん　훈독 新(あたら)しい 새롭다　ㆍ 亠 亠 立 立 辛 亲 亲 新 新 新

| 新 | 新 | 新 | 新 | 新 | 新 |

聞
들을 문

음독 ぶん / もん　훈독 聞(き)く 듣다　| 「 「 「 門 門 門 門 門 聞 聞 聞

| 聞 | 聞 | 聞 | 聞 | 聞 | 聞 |

新聞
신　문

| 新聞 | 新聞 | 新聞 | 新聞 | 新聞 | 新聞 |

新鮮
신　선

| 新鮮 | 新鮮 | 新鮮 | 新鮮 | 新鮮 | 新鮮 |

見聞
견　문

| 見聞 | 見聞 | 見聞 | 見聞 | 見聞 | 見聞 |

외래어 연습

インターネット 인터넷

| インターネット | インターネット | インターネット | インターネット |

サウナ 사우나

| サウナ | サウナ | サウナ | サウナ |

デート 데이트

| デート | デート | デート | デート |

FUN & TALK

다음은 일상생활에서 쓰는 동사 표현입니다.

7時に 起きる
7시에 일어나다

ご飯を 食べる
밥을 먹다

11時に 寝る
11시에 자다

学校へ 行く
학교에 가다

会社に 来る
회사에 오다

手紙を 書く
편지를 쓰다

音楽を 聞く
음악을 듣다

家に 帰る
집에 돌아가다

電車に 乗る
전철을 타다

りょうり つく
料理を 作る
요리를 만들다

えい が み
映画を 見る
영화를 보다

べんきょう
勉強を する
공부를 하다

ともだち あ
友達に 会う
친구를 만나다

ともだち あそ
友達と 遊ぶ
친구와 놀다

よ
タクシーを 呼ぶ
택시를 부르다

ほん よ
本を 読む
책을 읽다

す
タバコを 吸う
담배를 피우다

か
かばんを 買う
가방을 사다

の
ジュースを 飲む
주스를 마시다

今度の週末に遊びに行きませんか。

こんど　しゅうまつ　あそ　い

이번 주말에 놀러 가지 않을래요?

표현 익히기　권유 표현

💬 Dialogue

 MP3 02-1

姜（カン）: 今度（こんど）の 週末（しゅうまつ）に 遊（あそ）びに 行（い）きませんか。

田中（たなか）: いいですね。どこに 行（い）きましょうか。

姜（カン）: トンへは どうですか。

景色（けしき）も いいし、新鮮（しんせん）な 刺身（さしみ）も おいしいし。

田中（たなか）: 新鮮（しんせん）な 刺身（さしみ）！ いいですね。

じゃ、気軽（きがる）に 日帰（ひがえ）り旅行（りょこう）に 行（い）きましょうか。

姜（カン）: いいですね。

じゃ、土曜日（どようび）の 朝早（あさはや）く 出発（しゅっぱつ）しましょう。

田中（たなか）: 決（き）まり！ そうしましょう。

강한척: 이번 주말에 놀러 가지 않을래요?

다나카: 좋아요. 어디에 갈까요?

강한척: 동해는 어때요?

경치도 좋고 신선한 회도 맛있고.

다나카: 신선한 회! 좋아요.

그럼, 가볍게 당일치기 여행으로 갈까요?

강한척: 좋죠.

그럼, 토요일 아침 일찍 출발하죠.

다나카: 결정! 그렇게 합시다.

🔍 단어

今度(こんど) 이번 ｜ **週末**(しゅうまつ) 주말 ｜ **遊**(あそ)**びに** 놀러 ｜ **どこに** 어디에 ｜ **どうですか** 어떻습니까?, 어때요? ｜ **景色**(けしき) 경치 ｜ **～も** ～도 ｜ **いい** 좋다 ｜ **～し** ～(하)고(나열) ｜ **新鮮**(しんせん)**だ** 신선하다 ｜ **刺身**(さしみ) 회 ｜ **おいしい** 맛있다 ｜ **いいですね** 좋죠, 좋군요 ｜ **気軽**(きがる)**に** 가볍게 ｜ **日帰**(ひがえ)**り旅行**(りょこう) 당일치기 여행 ｜ **朝早**(あさはや)**く** 아침 일찍 ｜ **出発**(しゅっぱつ)**する** 출발하다 ｜ **決**(き)**まり** 결정 ｜ **そうしましょう** 그렇게 합시다

1

목적 표현

1. **명사 + ～に**　　　　　　　～하러

食事に 行きます。

ドライブに 行きます。

スキーに 行きます。

2. **동사의 ます형 + ～に**　　　　～하러

泳ぎに 行きます。

遊びに 来ます。

会いに 行きます。

2

～し　　　　　　　　　　～(하)고 (나열)

彼は ハンサムだし、頭も いいです。

お金も ないし、時間も ないです。

あの 店は 安くて おいしいし、雰囲気も いいです。

🔍 **단어** --

食事(しょくじ) 식사 | 行(い)く 가다 | ドライブ 드라이브 | スキー 스키 | 泳(およ)ぐ 헤엄치다 | 遊(あそ)ぶ 놀다 | ハンサムだ 잘
생기다 | 頭(あたま) 머리 | お金(かね) 돈 | ない 없다 | 時間(じかん) 시간 | 安(やす)い 싸다 | 雰囲気(ふんいき) 분위기

③ 권유 표현

1. ～ませんか 　　　　　　　　　　～하지 않겠습니까?

ちょっと お茶でも 飲_のみませんか。

いっしょに 散歩_{さんぽ}でも しませんか。

少_{すこ}し 休_{やす}みませんか。

2. ～に 行_いきませんか 　　　　　　～하러 가지 않겠습니까?

ドライブに 行_いきませんか。

お酒_{さけ}を 飲_のみに 行_いきませんか。

遊_{あそ}びに 行_いきませんか。

3. ～ましょう 　　　　　　　　　　～합시다

ちょっと 休_{やす}みましょう。

いっしょに 遊_{あそ}びましょう。

一生懸命_{いっしょうけんめい} 勉強_{べんきょう}しましょう。

4. ～ましょうか 　　　　　　　　　～할까요?

ちょっと 休_{やす}みましょうか。

いっしょに 遊_{あそ}びましょうか。

コーヒーでも 飲_のみましょうか。

 단어

ちょっと 잠깐, 좀 ｜ **お茶(ちゃ)** 차 ｜ **～でも** ~라도 ｜ **飲(の)む** 마시다 ｜ **いっしょに** 함께 ｜ **散歩(さんぽ)** 산책 ｜ **少(すこ)し** 조금 ｜ **休(やす)む** 쉬다 ｜ **お酒(さけ)** 술 ｜ **一生懸命(いっしょうけんめい)** 열심히 ｜ **勉強(べんきょう)する** 공부하다

LET'S TALK

Ⅰ 다음 보기와 같이 연습해 보세요.

🎧 MP3 Lesson 02-2

| 보기 |

A: 明日 いっしょに 買い物に 行きませんか。

B: いいですね。では 明日。

1 スキーに 行く

2 ドライブに 行く

3 映画を 見に 行く

4 お酒を 飲みに 行く

5 泳ぎに 行く

🔍 단어 -----

明日(あした) 내일 | いっしょに 같이, 함께 | 買(か)い物(もの) 쇼핑 | では 그럼 | スキー 스키 | ドライブ 드라이브 | 映画(えい
が) 영화 | お酒(さけ) 술 | 飲(の)む 마시다 | 泳(およ)ぐ 수영하다

Ⅱ 다음 보기와 같이 연습해 보세요.

| 보기 |

A: どこか ドライブに 行きましょうか。

B: いいですね。じゃ、漢江（ハンガン）へ 行きましょう。

1 A: 何（なに）か 飲（の）みましょうか。

B: _____

ビールを 飲（の）む

2 A: 何（なに）か 食（た）べましょうか。

B: _____

おすしを 食（た）べる

3 A: どこか ショッピングに 行（い）きましょうか。

B: _____

明洞（ミョンドン）へ 行（い）く

4 A: どこか 遊（あそ）びに 行（い）きましょうか。

B: _____

ドリームランドに 行（い）く

どこか 어딘가 ｜ 何（なに）か 뭔가 ｜ ビール 맥주 ｜ 食（た）べる 먹다 ｜ おすし 초밥 ｜ ショッピング 쇼핑 ｜ 遊（あそ）ぶ 놀다

EXERCISE

다음 빈칸에 알맞은 말을 넣어 보세요.

① 식사하러 가지 않겠습니까?

食事_{しょくじ}＿＿＿＿＿＿＿＿＿＿＿＿＿＿＿＿＿＿＿＿

② 열심히 공부합시다. (勉強_{べんきょう})

一生懸命_{いっしょうけんめい}＿＿＿＿＿＿＿＿＿＿＿＿＿＿＿

③ 차라도 마실까요?

お茶_{ちゃ}＿＿＿＿＿＿＿＿＿＿＿＿＿＿＿＿＿＿＿＿

④ 저 레스토랑은 요리도 맛있고 서비스도 좋습니다. (サービス)

あの レストランは＿＿＿＿＿＿＿＿＿＿＿＿＿＿＿

⑤ 저 백화점은 교통도 편리하고 물건도 많습니다. (交通_{こうつう} / 品物_{しなもの})

あの デパートは＿＿＿＿＿＿＿＿＿＿＿＿＿＿＿

🔍 **단어**--

食事(しょくじ) 식사 | 一生懸命(いっしょうけんめい) 열심히 | 勉強(べんきょう) 공부 | お茶(ちゃ) 차 | ～でも ～라도 | 飲(の)む 마시다 | レストラン 레스토랑 | 料理(りょうり) 요리 | ～も ～도 | おいしい 맛있다 | サービス 서비스 | いい 좋다 | デパート 백화점 | 交通(こうつう) 교통 | 便利(べんり)だ 편리하다 | 品物(しなもの) 물건 | 多(おお)い 많다

出
날 출

음독 しゅつ　훈독 出(で)る 나오다, 나가다 / 出(だ)す 꺼내다, 제출하다　丨 屮 屮 出 出

| 出 | 出 | 出 | 出 | 出 | 出 |

発
쏠 발

음독 はつ / ぱつ / ほっ　훈독 発(た)つ 출발하다　フ フ ヌ ヌ ヌ 癶 癶 発 発

| 発 | 発 | 発 | 発 | 発 | 発 |

出発
출 발

| 出発 | 出発 | 出発 | 出発 | 出発 | 出発 |

出席
출 석

| 出席 | 出席 | 出席 | 出席 | 出席 | 出席 |

発明
발 명

| 発明 | 発明 | 発明 | 発明 | 発明 | 発明 |

ショッピング 쇼핑

| ショッピング | ショッピング | ショッピング | ショッピング |

ドライブ 드라이브

| ドライブ | ドライブ | ドライブ | ドライブ |

スキー 스키

| スキー | スキー | スキー | スキー |

FUN & TALK

여러분이라면 어떤 데이트 코스를 고르겠습니까?

A いっしょに 海へ ドライブに 行きませんか。
함께 바다에 드라이브하러 가지 않을래요?

B そのあと おいしい さしみを 食べましょう。　그 뒤 맛있는 회를 먹읍시다.

A いっしょに 遊園地に 行きませんか。　함께 유원지에 가지 않을래요?

B そのあと ファミリーレストランで 食事を しましょう。
그 뒤 패밀리 레스토랑에서 식사를 합시다.

A いっしょに ディズニーランドに 遊びに 行きませんか。
함께 디즈니랜드에 놀러 가지 않을래요?

B そのあと デパートで ショッピングしましょう。　그 뒤 백화점에서 쇼핑합시다.

Ⓐ いっしょに ミュージカルを 見ませんか。　함께 뮤지컬을 보지 않을래요?

Ⓑ そのあと 漢江に ドライブに 行きましょう。　그 뒤 한강에 드라이브 갑시다.

Ⓐ いっしょに サッカーを 見ませんか。　함께 축구를 보지 않을래요?

Ⓑ そのあと ビールを 飲みましょう。　그 뒤 맥주를 마십시다.

Ⓐ いっしょに 映画を 見ませんか。　함께 영화를 보지 않을래요?

Ⓑ そのあと カラオケに 行きましょう。　그 뒤 노래방에 갑시다.

おいしい冷麺が食べたいです。

맛있는 냉면을 먹고 싶어요.

표현 익히기) 희망 표현 ～たい와 ～ほしい

💬 Dialogue

🎧 MP3 03-1

ナ： もう こんな 時間_{じかん}ですね。

お昼_{ひる} 食_たべに 行_いきましょうか。

山田_{やまだ}： そうですね。そうしましょう。

ナ： 今日_{きょう}の メニューは 何_{なに}に しましょうか。

何_{なに}が 食_たべたいですか。

山田_{やまだ}： そうですね。私_{わたし}は てんぷら定食_{ていしょく}が 食_たべたいです。

ナさんは?

ナ： 私_{わたし}は 久_{ひさ}しぶりに おいしい 冷麺_{れいめん}が 食_たべたいです。

山田_{やまだ}： 今日_{きょう}は 暑_{あつ}いですから 冷麺_{れいめん}も いいですね。

ナ： じゃ、冷麺_{れいめん}を 食_たべに 行_いきましょう。

나민아: 벌써 시간이 이렇게 됐네요.
　　　　점심 먹으러 갈까요?
야마다: 그렇네요. 그렇게 해요.
나민아: 오늘 메뉴는 무엇으로 할까요?
　　　　뭘 먹고 싶어요?
야마다: 글쎄요. 저는 튀김정식이 먹고 싶습니다.
　　　　민아 씨는요?
나민아: 저는 오랜만에 맛있는 냉면을 먹고 싶어요.
야마다: 오늘은 더우니까 냉면도 좋겠네요.
나민아: 그럼, 냉면을 먹으러 가죠.

 단어 --

もう 벌써 ┃ **こんな** 이런 ┃ **時間**(じかん) 시간 ┃ **お昼**(ひる) 점심 ┃ **メニュー** 메뉴 ┃ **～たい** ～하고 싶다 ┃ **てんぷら** 튀김 ┃ **定食**(ていしょく) 정식 ┃ **久**(ひさ)**しぶりに** 오랜만에 ┃ **冷麺**(れいめん) 냉면 ┃ **暑**(あつ)**い** 덥다 ┃ **～から** ～때문에 ┃ **～も** ～도

GRAMMAR

1 희망 표현

1. ~たい　　　　　　　　　　~(하)고 싶다 (동사의 ます형에 접속)

日本(にほん)へ 行(い)きたいです。

少(すこ)し 休(やす)みたいです。

結婚(けっこん)したいです。

2. ~たくない　　　　　　　　~(하)고 싶지 않다 (たい형의 부정형)

学校(がっこう)に 行(い)きたくないです。

焼酎(しょうちゅう)は 飲(の)みたくないです。

何(なに)も 食(た)べたくないです。

3. ~が ほしい　　　　　　　~을(를) 갖고 싶다, ~을(를) 원하다

かわいい 犬(いぬ)が ほしいです。

デジタルカメラが ほしいです。

すてきな 恋人(こいびと)が ほしいです。

 단어 --

行(い)く 가다 ｜ 少(すこ)し 조금 ｜ 休(やす)む 쉬다 ｜ 結婚(けっこん) 결혼 ｜ 学校(がっこう) 학교 ｜ 焼酎(しょうちゅう) 소주 ｜ 何(なに)も 아무것도 ｜ かわいい 귀엽다 ｜ 犬(いぬ) 개 ｜ ほしい 갖고 싶다 ｜ デジタルカメラ 디지털카메라 ｜ すてきだ 멋지다 ｜ 恋人(こいびと) 애인

4. ～になりたい ～이(가) 되고 싶다

いい 先生(せんせい)に なりたいです。

有名(ゆうめい)な デザイナーに なりたいです。

立派(りっぱ)な 社会人(しゃかいじん)に なりたいです。

변화에 대한 희망 표현

1. 명사＋～になりたい

歌手(かしゅ)に なりたいです。

医者(いしゃ)に なりたいです。

2. い형용사 어간＋～くなりたい

美(うつく)しく なりたいです。

若(わか)く なりたいです。

3. な형용사 어간＋～になりたい

有名(ゆうめい)に なりたいです。

日本語(にほんご)が 上手(じょうず)に なりたいです。

 단어 -

なる 되다 │ **有名(ゆうめい)だ** 유명하다 │ **デザイナー** 디자이너 │ **立派(りっぱ)だ** 훌륭하다 │ **社会人(しゃかいじん)** 사회인 │ **医者(いしゃ)** 의사 │ **美(うつく)しい** 아름답다 │ **若(わか)い** 젊다 │ **上手(じょうず)だ** 잘하다

LET'S TALK

Ⅰ 다음 보기와 같이 연습해 보세요.

| 보기 |

A: 結婚_{けっこん}したいですか。

B: はい、結婚_{けっこん}したいです。

いいえ、結婚_{けっこん}したくないです。

1　A: 日本語_{にほんご}で 話_{はな}したいですか。

　　B: _____

2　A: 友達_{ともだち}と 遊_{あそ}びたいですか。

　　B: _____

3　A: 早_{はや}く 家_{いえ}に 帰_{かえ}りたいですか。

　　B: _____

4　A: 恋人_{こいびと}と 別_{わか}れたいですか。

　　B: _____

5　A: 残業_{ざんぎょう}したいですか。

　　B: _____

🔍단어 --

話(はな)す 이야기하다 ｜ 友達(ともだち) 친구 ｜ ～と ～와 ｜ 遊(あそ)ぶ 놀다 ｜ 早(はや)く 빨리 ｜ 家(いえ) 집 ｜ ～に ～에 ｜ 帰(かえ)
る 돌아가다 ｜ 恋人(こいびと) 애인 ｜ 別(わか)れる 헤어지다 ｜ 残業(ざんぎょう) 잔업, 야근

II 다음 보기와 같이 연습해 보세요.

| 보기 |

A: 今　何が　一番　ほしいですか。

B: ノートブックが　一番　ほしいです。

1　A: 今　何が　一番　ほしいですか。

B: _____

デジカメ

2　A: 今　何が　一番　食べたいですか。

B: _____

ケーキ

3　A: 今　何が　一番　飲みたいですか。

B: _____

ビール

4　A: どこへ　一番　行きたいですか。

B: _____。

ヨーロッパ

🔍 단어 --

一番(いちばん) 가장, 제일 ｜ ノートブック 노트북 ｜ デジカメ 디지털카메라 ｜ ケーキ 케이크 ｜ ビール 맥주 ｜ ヨーロッパ 유럽

다음 빈칸에 알맞은 말을 넣어 보세요.

❶ 좋은 회사에 취직하고 싶습니다. (就職)

いい 会社 _____

❷ 그녀와 만나고 싶습니다. (会う)

彼女と _____

❸ 오늘은 아무것도 하고 싶지 않습니다. (何も)

今日は _____

❹ 최신형 휴대전화를 갖고 싶습니다. (最新型のケータイ)

最新型 _____

❺ 훌륭한 선생님이 되고 싶습니다. (先生)

立派な _____

🔍 **단어** --

就職(しゅうしょく) 취직 | 会(あ)う 만나다 | 何(なに)も 아무것도 | 最新型(さいしんがた) 최신형 | ケータイ 휴대전화 | 立派(りっ ぱ)だ 훌륭하다

定
정할 정

음독 てい　훈독 定(さだ)める 정하다　　丶 宀 宀 宁 宇 宇 定

| 定 | 定 | 定 | 定 | 定 | 定 |

食
먹을 식

음독 しょく　훈독 食(た)べる 먹다　　ノ 人 ^ 今 今 食 食

| 食 | 食 | 食 | 食 | 食 | 食 |

定食
정　식

| 定食 | 定食 | 定食 | 定食 | 定食 | 定食 |

決定
결　정

| 決定 | 決定 | 決定 | 決定 | 決定 | 決定 |

食堂
식　당

| 食堂 | 食堂 | 食堂 | 食堂 | 食堂 | 食堂 |

ノートブック 노트북

| ノートブック | ノートブック | ノートブック | ノートブック |

デザイナー 디자이너

| デザイナー | デザイナー | デザイナー | デザイナー |

メニュー 메뉴

| メニュー | メニュー | メニュー | メニュー |

FUN & TALK

여러분은 선물로 무엇을 갖고 싶으세요?

何が ほしいですか。

ノートパソコン
노트북

デジカメ
디지털카메라

かばん
가방

車
자동차

自転車
자전거

バイク (オートバイ)
오토바이

ケータイ
휴대전화

時計
시계

現金
현금

アクセサリー
액세서리

サングラス
선글라스

ブーツ
부츠

ローラーブレード
롤러 스케이트

MP3

しょうひんけん
商品券
상품권

ほん
本
책

ケーキ
케이크

はなたば
花束
꽃다발

地下鉄駅まで歩いて行きます。
지하철역까지 걸어서 갑니다.

표현 익히기) 동사의 て형 / ~てください / ~ながら

💬 Dialogue

田中（たなか）: 姜（カン）さんは どうやって 会社（かいしゃ）へ 来（き）ますか。

姜（カン）: まず、近（ちか）くの 地下鉄駅（ちかてつえき）まで 歩（ある）いて 行（い）きます。

地下鉄（ちかてつ） 3号線（さんごうせん）に 乗（の）って キョデ駅（えき）まで 行（い）って

キョデ駅（えき）で 2号線（にごうせん）に 乗（の）り換（か）えて サムソン駅（えき）で 降（お）ります。

田中（たなか）: わあ〜、本当（ほんとう）に 大変（たいへん）ですね。

姜（カン）: ええ、いつも 地下鉄（ちかてつ）の 中（なか）で うとうとしながら 来（き）ます。

田中（たなか）さんは?

田中（たなか）: 私（わたし）は 家（いえ）から 歩（ある）いて 来（き）ます。

会社（かいしゃ）まで 歩（ある）いて 20分（にじゅっぷん）ぐらい かかります。

姜（カン）: わあ〜、本当（ほんとう）に 近（ちか）くて いいですね。

これから 時々（ときどき） 遊（あそ）びに 行（い）きますから、

家（いえ）が どこか 教（おし）えて ください。

田中（たなか）: え?! あの…、それは ちょっと…。

다나카: 한척 씨는 회사에 어떻게 와요?
강한척: 우선 가까운 지하철역까지 걸어갑니다.
지하철 3호선을 타고 교대역까지 가서 교대역에서
2호선으로 갈아타고 삼성역에서 내립니다.
다나카: 와~, 정말 힘들겠군요.

강한척: 네, 항상 전철 안에서 꾸벅꾸벅 졸면서 옵니다. 다나카 씨는요?
다나카: 저는 집에서 걸어 옵니다. 회사까지 걸어서 20분 정도 걸려요.
강한척: 와~, 정말 가까워서 좋네요.
이제부터 종종 놀러 갈테니 집이 어딘지 가르쳐 주세요.
다나카: 네? 저……. 그건 좀….

🔍 단어

どうやって 어떻게 해서 | まず 우선 | 近(ちか)く 근처 | 地下鉄駅(ちかてつえき) 지하철역 | ～まで ～까지 | 歩(ある)く 걷다 | 行(い)く 가다 | ～号線(ごうせん) ～호선 | 乗(の)る 타다 | 乗(の)り換(か)える 갈아타다 | 降(お)りる 내리다 | 本当(ほんとう)に 정말로 | 大変(たいへん)だ 큰일이다, 힘들다 | いつも 언제나, 항상 | うとうとする 꾸벅꾸벅 졸다 | ～ながら ～하면서 | ぐらい 정도 | かかる 걸리다 | これから 이제부터 | 時々(ときどき) 때때로, 종종 | 遊(あそ)ぶ 놀다 | どこか 어딘지 | 教(おし)える 가르치다

GRAMMAR

1

～て
～(하)고, ～(해)서

朝 起きて 顔を 洗います。

顔を 洗って ご飯を 食べます。

バスに 乗って 会社へ 行きます。

2

～て ください
～해 주세요

ここに 住所を 書いて ください。

パスポートを 見せて ください。

もう一度 説明して ください。

3

～ながら
～하면서 (동시 동작 〈동사의 ます형에 접속〉)

テレビを 見ながら ご飯を 食べます。

音楽を 聞きながら コーヒーを 飲みます。

ギターを 弾きながら 歌を 歌います。

🔍 **단어** --

朝(あさ) 아침 | 起(お)きる 일어나다 | 顔(かお) 얼굴 | 洗(あら)う 씻다 | ご飯(はん) 밥 | バス 버스 | 住所(じゅうしょ) 주소 | 書(か)く 쓰다 | パスポート 여권 | 見(み)せる 보여주다 | もう一度(いちど) 한 번 더 | 説明(せつめい)する 설명하다 | テレビ 텔레비전 | 音楽(おんがく)を聞(き)く 음악을 듣다 | ギターを弾(ひ)く 기타를 치다 | 歌(うた)を歌(うた)う 노래를 부르다

4 동사의 て형

Ⅰ그룹 동사 (5단 동사)	어미 く・ぐ → いて・いで	書^かく 쓰다 ➡ 泳^{およ}ぐ 헤엄치다 ➡	書^かいて 쓰고, 써서 泳^{およ}いで 헤엄치고, 헤엄쳐서
	う・つ・る → って	会^あう 만나다 ➡ 待^まつ 기다리다 ➡ 降^ふる (눈, 비가) 내리다 ➡	会^あって 만나고, 만나서 待^まって 기다리고, 기다려서 降^ふって 내리고, 내려서
	ぬ・ぶ・む → んで	死^しぬ 죽다 ➡ 遊^{あそ}ぶ 놀다 ➡ 飲^のむ 마시다 ➡	死^しんで 죽고, 죽어서 遊^{あそ}んで 놀고, 놀아서 飲^のんで 마시고, 마셔서
	す → して	話^{はな}す 이야기하다 ➡	話^{はな}して 이야기하고, 이야기해서
	예외	行^いく 가다 ➡	行^いって 가고, 가서
Ⅱ그룹 동사 (상하1단 동사)	어간 + て	見^みる 보다 ➡ 起^おきる 일어나다 ➡ 食^たべる 먹다 ➡ 寝^ねる 자다 ➡	見^みて 보고, 봐서 起^おきて 일어나고, 일어나서 食^たべて 먹고, 먹어서 寝^ねて 자고, 자서
Ⅲ그룹 동사 (불규칙 동사)		来^くる 오다 ➡ する 하다 ➡	来^きて 오고, 와서 して 하고, 해서

LET'S TALK

Ⅰ 다음 보기와 같이 연습해 보세요.

| 보기 |

A: これから 何_{なに}を しますか。

B: 手_てを 洗_{あら}って ご飯_{はん}を 食_たべます。

1 地下鉄_{ちかてつ}に 乗_のる / 会社_{かいしゃ}に 行_いく

2 コーヒーを 飲_のむ / 仕事_{しごと}を 始_{はじ}める

3 友達_{ともだち}に 会_あう / 食事_{しょくじ}を する

4 家_{いえ}に 帰_{かえ}る / シャワーを 浴_あびる

5 シャワーを 浴_あびる / 寝_ねる

🔍 단어 --

これから 이제부터 | **手(て)** 손 | **洗(あら)う** 씻다 | **ご飯(はん)** 밥 | **食(た)べる** 먹다 | **地下鉄(ちかてつ)** 지하철 | **乗(の)る** 타다 | **飲(の)む** 마시다 | **仕事(しごと)** 일 | **始(はじ)める** 시작하다 | **友達(ともだち)に会(あ)う** 친구를 만나다 | **食事(しょくじ)** 식사 | **帰(かえ)る** 돌아가다 | **シャワーを浴(あ)びる** 샤워하다 | **寝(ね)る** 자다

48

Ⅱ 다음 보기와 같이 연습해 보세요.

|보기|
すみません。暑(あつ)いですから、ちょっと 窓(まど)を 開(あ)けて ください。

1 授業中(じゅぎょうちゅう) / 静(しず)かに する

2 高(たか)い / 安(やす)く する

3 忙(いそが)しい / 手伝(てつだ)う

4 分(わ)からない / 教(おし)える

5 よく 聞(き)こえない / 大(おお)きい 声(こえ)で 言(い)う

🔍 단어 --

暑(あつ)い 덥다 ┃ ちょっと 좀 ┃ 窓(まど) 창문 ┃ 開(あ)ける 열다 ┃ 授業中(じゅぎょうちゅう) 수업 중 ┃ 静(しず)かにする 조용히 하다 ┃ 高(たか)い 비싸다 ┃ 安(やす)くする 싸게 하다 ┃ 忙(いそが)しい 바쁘다 ┃ 手伝(てつだ)う 돕다 ┃ 分(わ)からない 알지 못하다, 모르다 ┃ 教(おし)える 가르치다 ┃ よく 잘 ┃ 聞(き)こえる 들리다 ┃ 声(こえ) 목소리 ┃ 言(い)う 말하다

Ⅲ 다음 보기와 같이 연습해 보세요.

| 보기 |

A: テレビを 見^みながら 何^{なに}を しますか。

B: テレビを 見^みながら ご飯^{はん}を 食^たべます。

1 音楽^{おんがく}を 聞^きく / 勉強^{べんきょう}する

2 歌^{うた}を 歌^{うた}う / 踊^{おど}りを 踊^{おど}る

3 コーヒーを 飲^のむ / 新聞^{しんぶん}を 読^よむ

4 本^{ほん}を 見^みる / 料理^{りょうり}を する

5 ポップコーンを 食^たべる / 映画^{えいが}を 見^みる

🔍 단어 --

テレビを見(み)る 텔레비전을 보다 | 音楽(おんがく)を聞(き)く 음악을 듣다 | 勉強(べんきょう)する 공부하다 | 歌(うた)を歌(うた)う 노래하다 | 踊(おど)りを踊(おど)る 춤을 추다 | 新聞(しんぶん) 신문 | 読(よ)む 읽다 | 料理(りょうり) 요리 | ポップコーン 팝콘 | 映画(えいが)を見(み)る 영화를 보다

EXERCISE

다음 빈칸에 알맞은 말을 넣어 보세요.

① 도서관에 가서 공부합니다.

図書館へ _____

② 전화해서 예약을 합니다. (予約)

電話して _____

③ 메일을 보내 주세요. (送る)

メールを _____

④ 지금 빨리 와 주세요. (早く / 来る)

今 _____

⑤ 콜라를 마시면서 피자를 먹습니다. (ピザ)

コーラを _____

🔍 **단어** --

図書館(としょかん) 도서관 ┃ 行(い)く 가다 ┃ 勉強(べんきょう)する 공부하다 ┃ 電話(でんわ) 전화 ┃ 予約(よやく) 예약 ┃ メール 메일 ┃ 送(おく)る 보내다 ┃ 今(いま) 지금 ┃ 早(はや)く 빨리 ┃ 来(く)る 오다 ┃ コーラ 콜라 ┃ 飲(の)む 마시다 ┃ ピザ 피자 ┃ 食(た)べる 먹다

EXERCISE

한자 연습

地
땅 지

음독 ち / じ　　훈독 地(つち) 흙　　一　十　土　圠　坤　地

地　地　地　地　地　地

下
아래 하

음독 か / げ　　훈독 下(した) 아래 / 下(さ)げる 내리다 / 下(くだ)る 내려가다　　一　丁　下

下　下　下　下　下　下

地下
지　하

地下　地下　地下　地下　地下　地下

地図
지　도

地図　地図　地図　地図　地図　地図

上下
상　하

上下　上下　上下　上下　上下　上下

외래어 연습

テレビ　텔레비전

テレビ　テレビ　テレビ　テレビ

シャワー　샤워

シャワー　シャワー　シャワー　シャワー

パスポート　여권

パスポート　パスポート　パスポート　パスポート

FUN & TALK

다음 그림을 보면서 집에서 학교, 회사, 또는 약속 장소까지 어떻게 가는지 말해 보세요.

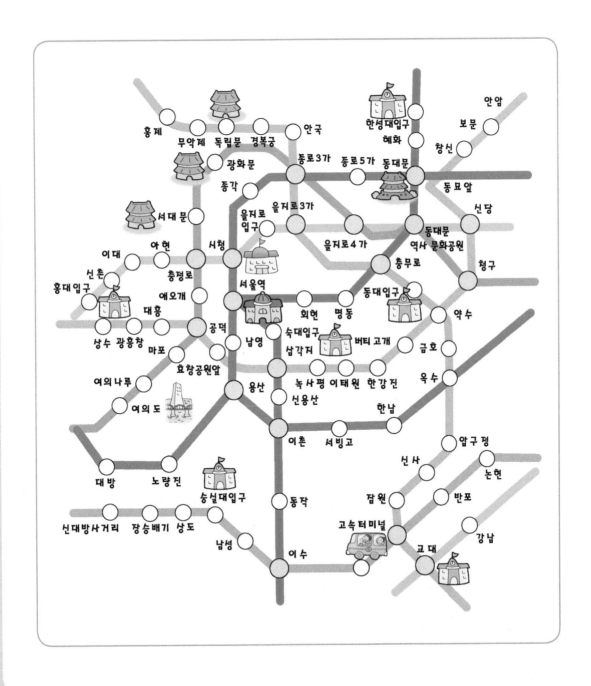

山田さんはオークションを知っていますか。

야마다 씨는 옥션을 아세요?

표현 익히기 ~ている 용법

💬 Dialogue

山田：もしもし。ナさん、山田です。こんにちは。

ナ：あ、山田さん、こんにちは。

山田：今 何を して いますか。

ナ：今 インターネットを して います。

オークションで 品物の 値段を 見て いました。

山田さんは オークションを 知って いますか。

山田：もちろん 知って いますよ。日本の インターネット

サイトにも オークションが ありますから。

ナ：そうですか。

あら、今 メッセンジャーに 友達が 入って きました。

山田さんも メッセンジャーで 話しましょうか。

山田：それも いいですね。

じゃ、メッセンジャーで 会いましょう。

야마다: 여보세요. 민아 씨, 야마다예요. 안녕하세요.	야마다: 물론 알고 있어요. 일본 사이트에도 옥션이 있으니까요.
나민아: 아, 야마다 씨. 안녕하세요.	나민아: 그래요?
야마다: 지금 뭐 하고 있어요?	어머, 지금 메신저에 친구가 들어왔어요.
나민아: 지금 인터넷을 하고 있어요.	야마다 씨도 메신저로 얘기할까요?
옥션에서 물건의 가격을 보고 있었어요.	야마다: 그것도 좋겠네요. 그럼, 메신저에서 만나요.
야마다 씨는 옥션을 아세요?	

🔍 단어

もしもし 여보세요 ｜ **こんにちは** 안녕하세요 ｜ **今**(いま) 지금 ｜ **インターネット** 인터넷 ｜ **品物**(しなもの) 물건 ｜ **値段**(ねだん) 가격 ｜ **見**(み)**る** 보다 ｜ **知**(し)**る** 알다 ｜ **もちろん** 물론 ｜ **サイト** 사이트 ｜ **〜にも** 〜에도 ｜ **〜から** 〜때문에 ｜ **メッセンジャー** 메신저 ｜ **入**(はい)**る** 들어가다, 들어오다 ｜ **話**(はな)**す** 이야기하다 ｜ **会**(あ)**う** 만나다

GRAMMAR

1

～ています

～(하)고 있습니다 (동사의 て형+います)

1. 현재 진행 동작

レポートを 書いて います。

歌を 歌って います。

インターネットを して います。

2. 자세, 표정

立って います。

座って います。

笑って います。

3. 옷차림, 착용

眼鏡を かけて います。

スーツを 着て います。

スカーフを して います。

バックを かけている
ブラウスを 着ている
スカートを はいている
スカーフを している
時計を している

ぼうしを かぶっている
眼鏡を かけている
ネクタイを しめている
スーツを 着ている
くつを はいている
かばんを 持っている

4. 날씨, 사물의 상태

雨が 降って います。

窓が 開いて います。

風が 吹いて います。

5. 직업, 거주지

教師を して います。

銀行に 勤めて います。

ソウルに 住んで います。

2 ~て いる＋명사　　　~하고 있는

眼鏡を かけて いる 人が 先生です。

スーツを 着て いる 人が 山田さんです。

本を 読んで いる 人は 中村さんです。

🔍 **단어** --

レポートを書(か)く 리포트를 쓰다 ｜ 歌(うた)を歌(うた)う 노래를 부르다 ｜ 立(た)つ 일어서다 ｜ 座(すわ)る 앉다 ｜ 笑(わら)う 웃다 ｜ 眼鏡(めがね)をかける 안경을 끼다 ｜ スーツを着(き)る 정장을 입다 ｜ スカーフをする 스카프를 하다 ｜ バック 가방 ｜ ブラウス 블라우스 ｜ スカート 스커트 ｜ ぼうしをかぶる 모자를 쓰다 ｜ ネクタイをしめる 넥타이를 매다 ｜ くつをはく 구두를 신다 ｜ かばんを持(も)つ 가방을 들다 ｜ 雨(あめ)が降(ふ)る 비가 내리다 ｜ 窓(まど)が開(あ)く 창문이 열리다 ｜ 風(かぜ)が吹(ふ)く 바람이 불다 ｜ 教師(きょうし) 교사 ｜ 銀行(ぎんこう)に勤(つと)める 은행에 근무하다 ｜ ～に住(す)む ～에 살다 ｜ 本(ほん)を読(よ)む 책을 읽다

LET'S TALK

Ⅰ 다음 보기와 같이 연습해 보세요.

🎧 MP3 Lesson 05-2

|보기|

A: 今(いま) 何(なに)を して いますか。

B: 日本語(にほんご)の 勉強(べんきょう)を して います。

1

友達(ともだち)と 話(はな)す

2

歌(うた)を 歌(うた)う

3

本(ほん)を 読(よ)む

4

仕事(しごと)を する

5

デートを する

🔍 단어 --

友達(ともだち)と話(はな)す 친구와 이야기하다 ┃ 歌(うた)を歌(うた)う 노래를 부르다 ┃ 本(ほん)を読(よ)む 책을 읽다 ┃ 仕事(しごと)を する 일을 하다 ┃ デートをする 데이트를 하다

Ⅱ 다음 보기와 같이 연습해 보세요.

|보기|
A: 山田さんは どの人ですか。
B: スーツを 着て いる 人です。

1 金さん / 眼鏡を かける

2 中村さん / ミニスカートを はく

3 田中さん / 帽子を かぶる

4 吉田さん / ジュースを 飲む

5 鈴木さん / 笑う

🔍 단어 --

スーツを着(き)る 정장을 입다 | 眼鏡(めがね)をかける 안경을 끼다 | ミニスカートをはく 미니스커트를 입다 | 帽子(ぼうし)をかぶ
る 모자를 쓰다 | ジュースを飲(の)む 주스를 마시다 | 笑(わら)う 웃다

Ⅲ 다음 보기와 같이 연습해 보세요.

| 보기 |

A: 失礼_{しつれい}ですが、山田_{やまだ}さんの お仕事_{しごと}は?

B: 貿易会社_{ぼうえきがいしゃ}に 勤_{つと}めて います。

1

中村_{なかむら}さん / 銀行_{ぎんこう}

2

金_{キム}さん / 商社_{しょうしゃ}

3

田中_{たなか}さん / 郵便局_{ゆうびんきょく}

4

朴_{パク}さん / 病院_{びょういん}

🔍 단어 --

失礼(しつれい)ですが 실례합니다만 | **お仕事(しごと)** 직업, 일 | **貿易会社(ぼうえきがいしゃ)** 무역회사 | **~に勤(つと)める** ~에 근무하다 | **銀行(ぎんこう)** 은행 | **商社(しょうしゃ)** 상사 | **郵便局(ゆうびんきょく)** 우체국 | **病院(びょういん)** 병원

EXERCISE

다음 빈칸에 알맞은 말을 넣어 보세요.

❶ 일본어를 배우고 있습니다. (習う)

日本語を ＿＿＿＿＿＿＿＿＿＿＿＿＿＿＿＿＿＿

❷ 영화를 보고 있습니다. (映画を見る)

映画を ＿＿＿＿＿＿＿＿＿＿＿＿＿＿＿＿＿＿

❸ 눈이 오고 있습니다. (雪が降る)

雪が ＿＿＿＿＿＿＿＿＿＿＿＿＿＿＿＿＿＿

❹ 병원에 근무하고 있습니다. (病院に勤める)

病院 ＿＿＿＿＿＿＿＿＿＿＿＿＿＿＿＿＿＿

❺ 운전하고 있는 사람은 야마다 씨입니다.

運転 ＿＿＿＿＿＿＿＿＿＿＿＿＿＿＿＿＿＿

 단어 ---

習(なら)う 배우다 | 映画(えいが)を見(み)る 영화를 보다 | 雪(ゆき)が降(ふ)る 눈이 내리다 | 病院(びょういん)に勤(つと)める 병원에 근무하다 | 運転(うんてん)する 운전하다

한자 연습

見
볼 견

음독 けん　훈독 見(み)る 보다　丨 冂 冂 目 目 見 見

| 見 | 見 | 見 | 見 | 見 | 見 |

知
알 지

음독 ち　훈독 知(し)る 알다　ノ ㇏ 乍 矢 知 知 知

| 知 | 知 | 知 | 知 | 知 | 知 |

けん かい
見解
견 해

| 見解 | 見解 | 見解 | 見解 | 見解 | 見解 |

ち しき
知識
지 식

| 知識 | 知識 | 知識 | 知識 | 知識 | 知識 |

외래어 연습

ギター 기타

| ギター | ギター | ギター | ギター |

サイト 사이트

| サイト | サイト | サイト | サイト |

メッセンジャー 메신저

| メッセンジャー | メッセンジャー | メッセンジャー | メッセンジャー |

FUN & TALK

다음 그림을 보면서 이야기를 나누어 보세요.

何を して いますか。

妹さんは田中さんに似ていますか。
여동생은 다나카 씨를 닮았나요?

表現 익히기 | 가족 소개 / 상태 표현

💬 Dialogue

🎧 MP3 06-1

姜: 田中さんは 何人 兄弟ですか。

田中: 私の 下に 妹が 一人 います。

姜: わあ、妹さんが いるんですか。うらやましいですね。

　　妹さんは 田中さんに 似て いますか。

田中: いいえ、あまり 似て いません。

　　スリムで きれいです。

姜: 妹さんの お年は? おいくつですか。

田中: 今年 28です。

姜: やった〜! ぼくと ちょうど いいですね。

田中: はあ〜? まさか! 彼女、もう 結婚して いますよ。

강한척: 다나카 씨는 형제가 몇 명이에요?
다나카: 제 아래로 여동생이 한 명 있어요.
강한척: 와〜, 여동생이 있습니까? 부럽군요.
　　　　여동생은 다나카 씨와 닮았나요?
다나카: 아니요, 별로 안 닮았어요.
　　　　날씬하고 예쁩니다.
강한척: 여동생분 나이는요? 몇 살입니까?
다나카: 올해 28살입니다.
강한척: 잘됐다! 나랑 딱 좋네요.
다나카: 네? 그럴 리가요. 그녀는 벌써 결혼했어요.

🔍 단어

何人(なんにん) 몇 명 ┃ 兄弟(きょうだい) 형제 ┃ 下(した) 아래 ┃ 妹(いもうと) 여동생 ┃ 一人(ひとり) 한 사람 ┃ 妹(いもうと)さん 여동생분 ┃ うらやましい 부럽다 ┃ 似(に)る 닮다 ┃ あまり 별로 ┃ スリムだ 날씬하다 ┃ きれいだ 예쁘다 ┃ お年(とし) 나이 ┃ おいくつですか 몇 살입니까? ┃ 今年(ことし) 올해 ┃ やった 됐다, 해냈다 ┃ ちょうど 마침, 딱 ┃ はあ 네?(놀라거나 되물을 때) ┃ まさか 설마 ┃ もう 벌써, 이미 ┃ 結婚(けっこん)する 결혼하다

1 何人 <ruby>兄弟<rt>きょうだい</rt></ruby>ですか   형제가 몇 명이에요?

<ruby>何人<rt>なんにん</rt></ruby> <ruby>家族<rt>かぞく</rt></ruby>ですか。

<ruby>何人<rt>なんにん</rt></ruby> <ruby>兄弟<rt>きょうだい</rt></ruby>ですか。

ご<ruby>家族<rt>かぞく</rt></ruby>は <ruby>何人<rt>なんにん</rt></ruby>ですか。

→ <ruby>四人<rt>よにん</rt></ruby> <ruby>家族<rt>かぞく</rt></ruby>です。

	자기 가족	남의 가족	자기 가족을 부를 때
할아버지	祖父	お祖父さん	お祖父さん
할머니	祖母	お祖母さん	お祖母さん
아버지	父	お父さん	お父さん
어머니	母	お母さん	お母さん
형·오빠	兄	お兄さん	お兄さん
누나·언니	姉	お姉さん	お姉さん
남동생	弟	弟さん	
여동생	妹	妹さん	
숙부·삼촌	叔父·伯父	叔父さん	叔父さん
숙모·이모	叔母·伯母	叔母さん	叔母さん
사촌	いとこ	いとこさん	
남자 조카	おい	おいごさん	
여자 조카	めい	めいごさん	
형제	兄弟	ご兄弟	
아들	息子	息子さん	
딸	娘	娘さん	

②

おいくつですか。　　　　　　　　　　몇 살이에요?

<ruby>失礼<rt>しつれい</rt></ruby>ですけど、おいくつですか。
→ <ruby>今年<rt>ことし</rt></ruby>で　29<ruby>歳<rt>にじゅうきゅうさい</rt></ruby>に　なります。
→ <ruby>数<rt>かぞ</rt></ruby>えで　30です。

③

～に <ruby>似<rt>に</rt></ruby>ている　　　　　　～을(를) 닮다

<ruby>父<rt>ちち</rt></ruby>に　<ruby>似<rt>に</rt></ruby>て　います。
<ruby>母<rt>はは</rt></ruby>に　<ruby>似<rt>に</rt></ruby>て　います。
だれにも　<ruby>似<rt>に</rt></ruby>て　いません。

④

<ruby>結婚<rt>けっこん</rt></ruby>している　　　　　　결혼한 상태

<ruby>失礼<rt>しつれい</rt></ruby>ですが、<ruby>結婚<rt>けっこん</rt></ruby>して　いますか。
<ruby>妹<rt>いもうと</rt></ruby>は　もう　<ruby>結婚<rt>けっこん</rt></ruby>して　います。
<ruby>兄<rt>あに</rt></ruby>は　まだ　<ruby>結婚<rt>けっこん</rt></ruby>して　いません。

🔍 **단어**

ご家族(かぞく) 가족분 ｜ 数(かぞ)え (태어난 해를 포함해) 세는 나이 ｜ 父(ちち) 아빠 ｜ 母(はは) 엄마 ｜ だれにも 누구도 ｜ 結婚(けっこん)する 결혼하다 ｜ 妹(いもうと) 여동생 ｜ もう 이미, 벌써 ｜ 兄(あに) 형, 오빠 ｜ まだ 아직

LET'S TALK

Ⅰ 다음 보기와 같이 연습해 보세요.

| 보기 |

A: ご家族は 何人ですか。 / 何人 家族ですか。

B: 母と 父と 私、3人 家族です。

1 母 / 父 / 3人

2 父 / 母 / 弟 / 4人

3 祖父 / 祖母 / 父 / 母 / 兄 / 6人

4 両親 / 姉 / 妹 / 5人

🔍 **단어** --

ご家族(かぞく) 가족분 ┃ 何人(なんにん) 몇 명 ┃ 母(はは) 어머니 ┃ 父(ちち) 아버지 ┃ 弟(おとうと) 남동생 ┃ 祖父(そふ) 할아버지 ┃ 祖母(そぼ) 할머니 ┃ 兄(あに) 형, 오빠 ┃ 両親(りょうしん) 양친, 부모님 ┃ 姉(あね) 누나, 언니 ┃ 妹(いもうと) 누이동생, 여동생

Ⅱ 다음 보기와 같이 연습해 보세요.

| 보기 |

A: 山田さんは だれに 似て いますか。

B: 母に 似て います。

1 金さん / 父

2 田中さん / 兄

3 朴さん / 姉

4 中村さん / だれにも 似て いない

Ⅲ 다음 보기와 같이 연습해 보세요.

| 보기 |

A: 失礼ですが、お母さんは おいくつですか。

B: 母は 58歳です。

1 お父さん / 父(63)

2 お兄さん / 兄(34)

3 弟さん / 弟(27)

4 妹さん / 妹(24)

EXERCISE

다음 빈칸에 알맞은 말을 넣어 보세요.

① 가족은 몇 명입니까?

家族<small>かぞく</small>は _____

② 실례합니다만, 몇 살이에요?

失礼<small>しつれい</small> _____

③ 야마다 씨는 누구를 닮았습니까?

山田<small>やまだ</small>さんは _____

④ 저는 어머니를 닮았습니다.

私<small>わたし</small>は _____

⑤ 남동생은 아직 결혼하지 않았습니다. (結婚<small>けっこん</small>)

弟<small>おとうと</small>は _____

🔍 **단어** --

家族(かぞく) 가족 ｜ **失礼**(しつれい) 실례 ｜ **結婚**(けっこん) 결혼

한자 연습

家 집가
음독 か　훈독 家(いえ), 家(うち) 집　ノ 宀 宀 宂 宁 宇 家 家 家
家　家　家　家　家　家

族 겨레 족
음독 ぞく　훈독 やから 일족　ノ 一 ナ 方 方 扩 扩 扩 族 族
族　族　族　族　族　族

家族 가 족
家族　家族　家族　家族　家族　家族

実家 생가, 친정
実家　実家　実家　実家　実家　実家

民族 민 족
民族　民族　民族　民族　民族　民族

외래어 연습

パパ 아빠
パパ　　パパ　　パパ　　パパ

ママ 엄마
ママ　　ママ　　ママ　　ママ

ペット 애완동물
ペット　　ペット　　ペット　　ペット

FUN & TALK

 그림을 보면서 민우 씨 가족을 소개해 보세요.

お<ruby>父<rt>とう</rt></ruby>さん 아버지	59<ruby>歳<rt>さい</rt></ruby>	<ruby>警察官<rt>けいさつかん</rt></ruby> 경찰관	
お<ruby>母<rt>かあ</rt></ruby>さん 어머니	55<ruby>歳<rt>さい</rt></ruby>	<ruby>小学校<rt>しょうがっこう</rt></ruby>の<ruby>先生<rt>せんせい</rt></ruby> 초등학교 선생님	
お<ruby>兄<rt>にい</rt></ruby>さん 형	32<ruby>歳<rt>さい</rt></ruby>	<ruby>銀行員<rt>ぎんこういん</rt></ruby> 은행원	
ミンウ 민우	29<ruby>歳<rt>さい</rt></ruby>	<ruby>会社員<rt>かいしゃいん</rt></ruby> 회사원	
<ruby>弟<rt>おとうと</rt></ruby>さん 남동생	24<ruby>歳<rt>さい</rt></ruby>	<ruby>大学生<rt>だいがくせい</rt></ruby> 대학생	

그림을 보면서 나카무라 씨 가족을 소개해 보세요.

中村_{なかむら}さんの家族_{かぞく}

<table>
<tr><td>お父_{とう}さん 아버지</td><td>63歳_{さい}</td><td>医者_{いしゃ} 의사</td></tr>
<tr><td>お母_{かあ}さん 어머니</td><td>59歳_{さい}</td><td>主婦_{しゅふ} 주부</td></tr>
<tr><td>中村_{なかむら} 나카무라</td><td>33歳_{さい}</td><td>会社員_{かいしゃいん} 회사원</td></tr>
<tr><td>妹_{いもうと}さん 여동생</td><td>27歳_{さい}</td><td>会社員_{かいしゃいん} 회사원</td></tr>
</table>

お見合をしたことがありますか。

맞선을 본 적이 있나요?

경험 말하기

💬 Dialogue

🎧 MP3 07-1

ナ： 田中_{たなか}さんは お見合_{みあい}を した ことが ありますか。

田中_{たなか}： いいえ、まだ 一度_{いちど}も した ことが ありません。

　　　 ナさんは?

ナ： 私_{わたし}は 結婚情報会社_{けっこんじょうほうがいしゃ}に 入会_{にゅうかい}して

　　　 10回_{じゅっかい}ぐらい お見合_{みあい}を した ことが あります。

田中_{たなか}： わあ～、10回_{じゅっかい}も お見合_{みあい}を したんですか。

　　　 それで 気_きに 入_いった 相手_{あいて}に 会_あった ことが ありますか。

ナ： いいえ、まだ 一度_{いちど}も 会_あった ことが ないんです。

田中_{たなか}： ナさん、あまりにも 理想_{りそう}が 高_{たか}いんじゃないですか。

나민아: 다나카 씨는 맞선을 본 적이 있나요?

다나카: 아니요, 아직 한 번도 없어요.

　　　 민아 씨는요?

나민아: 저는 결혼 정보 회사에 가입해서 10번 정도 맞선을 봤어요.

다나카: 와～, 10번이나 맞선을 봤습니까?

　　　 그래서 맘에 드는 사람을 만난 적이 있습니까?

나민아: 아니요, 아직 한 번도 없었어요.

다나카: 민아 씨, 눈이 너무 높은 것 아닌가요?

🔍 단어

お見合_(みあい)をする 맞선을 보다 ┃ **一度_(いちど)も** 한 번도 ┃ **結婚_(けっこん)** 결혼 ┃ **情報_(じょうほう)会社_(がいしゃ)** 정보 회사 ┃ **入会_(にゅうかい)する** 가입하다 ┃ **~回_(かい)** ~번 ┃ **~ぐらい** ~정도 ┃ **それで** 그래서 ┃ **気_(き)に入_(い)る** 맘에 들다 ┃ **相手_(あいて)** 상대 ┃ **会_(あ)う** 만나다 ┃ **まだ** 아직 ┃ **あまりにも** 너무, 지나치게 ┃ **理想_(りそう)が高_(たか)い** 눈이 높다

GRAMMAR

1

〜た

〜았(었)다

昨日 友達に 会った。

友達と いっしょに 遊んだ。

一生懸命 勉強した。

2

〜た ことが ある

〜한 적이 있다 (경험)

有名な タレントに 会った ことが あります。

飛行機に 乗った ことが あります。

日本へ 出張に 行った ことが あります。

3

〜んです

〜이랍니다, 〜이거든요 (이유 설명, 강조)

私の 大切な 人なんです。

日本に 行った ことが ないんです。

ここは 本当に 交通が 便利なんです。

🔍 단어 --

昨日(きのう) 어제 | いっしょに 함께 | 遊(あそ)ぶ 놀다 | 一生懸命(いっしょうけんめい) 열심히 | 勉強(べんきょう)する 공부하다 |
有名(ゆうめい)だ 유명하다 | タレント 탤런트 | 飛行機(ひこうき)に乗(の)る 비행기를 타다 | 出張(しゅっちょう) 출장 | 大切(たいせつ)だ 소중하다 | 本当(ほんとう)に 정말로 | 交通(こうつう) 교통 | 便利(べんり)だ 편리하다

4 동사의 과거형(た형)

Ⅰ그룹 동사 (5단 동사)	어미 く・ぐ → いた・いだ	書く 쓰다 泳ぐ 헤엄치다	➡ ➡	書いた 썼다 泳いだ 헤엄쳤다
	う・つ・る → った	会う 만나다 待つ 기다리다 降る (눈, 비) 내리다	➡ ➡ ➡	会った 만났다 待った 기다렸다 降った 내렸다
	ぬ・ぶ・む → んだ	死ぬ 죽다 遊ぶ 놀다 飲む 마시다	➡ ➡ ➡	死んだ 죽었다 遊んだ 놀았다 飲んだ 마셨다
	す → した	話す 이야기하다	➡	話した 이야기했다
	예외	行く 가다	➡	行った 갔다
Ⅱ그룹 동사 (상하1단 동사)	어간 + た	見る 보다 起きる 일어나다 食べる 먹다 忘れる 잊다	➡ ➡ ➡ ➡	見た 봤다 起きた 일어났다 食べた 먹었다 忘れた 잊었다
Ⅲ그룹 동사 (불규칙 동사)		来る 오다 する 하다	➡ ➡	来た 왔다 した 했다

LET'S TALK

I 다음 보기와 같이 연습해 보세요.

  MP3 Lesson 07-2

|보기|

A: 日本に 行った ことが ありますか。

B: はい、行った ことが あります。

いいえ、行った ことが ありません。

1 日本の ドラマを 見る

2 納豆を 食べる

3 病院に 入院する

4 カンニングする

5 電車の 中で 居眠りする

🔍 단어 --

ドラマ 드라마 | 納豆(なっとう) 낫토(일본생청국장) | 食(た)べる 먹다 | 病院(びょういん) 병원 | 入院(にゅういん)する 입원하다 | カンニング 커닝 | 電車(でんしゃ) 전철 | 居眠(いねむ)りする (앉아서) 깜박 졸다

78

Ⅱ 다음 보기와 같이 연습해 보세요.

> |보기|
>
> A: キムチを 作った ことが ありますか。
>
> B: いいえ、キムチを 作った ことは ありませんが、
>
> キムチチゲを 作った ことは あります。

1 飛行機に 乗る(×) /
　船に 乗る(○)

2 東京に 行く(×) /
　大阪に 行く(○)

3 日本人と デートする(×) /
　インターネットで チャットする(○)

4 授業に 欠席する(×) /
　遅刻する(○)

5 焼酎を 飲む(×) /
　ビールを 飲む(○)

🔍 **단어** -

キムチ 김치 ┃ **作(つく)る** 만들다 ┃ **キムチチゲ** 김치찌개 ┃ **飛行機(ひこうき)** 비행기 ┃ **乗(の)る** 타다 ┃ **船(ふね)** 배 ┃ **東京(とうきょう)** 도쿄 ┃ **行(い)く** 가다 ┃ **大阪(おおさか)** 오사카 ┃ **デート** 데이트 ┃ **インターネット** 인터넷 ┃ **チャット** 채팅 ┃ **授業(じゅぎょう)** 수업 ┃ **欠席(けっせき)** 결석 ┃ **遅刻(ちこく)** 지각 ┃ **焼酎(しょうちゅう)** 소주 ┃ **飲(の)む** 마시다 ┃ **ビール** 맥주

EXERCISE

다음 빈칸에 알맞은 말을 넣어 보세요.

① 일본 소설을 읽은 적이 있습니다. (日本の小説を読む)

日本の 小説 _____

② 입학 시험에 떨어진 적이 있습니다. (入学試験に落ちる)

入学試験 _____

③ 중요한 약속을 잊은 적이 있습니다. (約束を忘れる)

重要な _____

④ 한 번도 일본에 간 적이 없습니다. (日本に行く)

一度も _____

⑤ 한 번도 결석한 적이 없습니다. (欠席する)

一度も _____

 단어 --

小説(しょうせつ)を読(よ)む 소설을 읽다 | 入学試験(にゅうがくしけん) 입학 시험 | 落(お)ちる 떨어지다 | 重要(じゅうよう)だ 중요하다 | 約束(やくそく) 약속 | 忘(わす)れる 잊다 | 一度(いちど)も 한 번도 | 欠席(けっせき)する 결석하다

読
읽을 독

음독 どく　훈독 読(よ)む 읽다　ﾂ ﾆ 言 言 計 計 計 計 読 読

読	読	読	読	読	読

書
쓸 서

음독 しょ　훈독 書(か)く 쓰다　フ ｺ ｺ ｺ 聿 書 書 書

書	書	書	書	書	書

読書
독 서

どく しょ

読書	読書	読書	読書	読書	読書

購読
구 독

こう どく

購読	購読	購読	購読	購読	購読

書類
서 류

しょ るい

書類	書類	書類	書類	書類	書類

タレント　탤런트

タレント	タレント	タレント	タレント

チケット　티켓

チケット	チケット	チケット	チケット

チャット　채팅

チャット	チャット	チャット	チャット

FUN & TALK

다음 그림을 보면서 자신의 경험을 이야기해 보세요.

~た ことが ありますか。

ひゃくてん と
100点を取る
100점을 받다

しょう う
賞を受ける
상을 받다

しか
叱られる
야단맞다

アイドルのファンになる
아이돌의 팬이 되다

に ほん りょこう い
日本へ旅行に行く
일본에 여행 가다

りょう り つく
料理を作る
요리를 만들다

サインをもらう
사인을 받다

さけ よ
お酒に酔う
술 취하다

しつれん
失恋する
실연당하다

ダイエットする
다이어트하다

日本の料理を食べる
일본 음식을 먹다

日本の映画を見る
일본 영화를 보다

バンジージャンプをする
번지점프를 하다

マラソンをする
마라톤을 하다

インラインスケートをする
인라인스케이트를 타다

ゴルフをする
골프를 하다

(競技場で) サッカーを見る
(경기장에서) 축구를 보다

入院する
입원하다

あまり詳しく聞かないでください。

너무 자세하게 묻지 마세요.

표현 익히기 동사의 부정형 / 금지 표현 ～ないでください

💬 Dialogue

🎧 MP3 08-1

山田（やまだ）: ナさん、ナさんの 初恋（はつこい）は いつでしたか。

ナ: 初恋（はつこい）ですか。大学（だいがく） 1年生（いちねんせい）の 時（とき）でした。

山田（やまだ）: 初恋（はつこい）の 人（ひと）は どんな 人（ひと）でしたか。

どうして 別（わか）れたんですか。

ナ: あまり 詳（くわ）しく 聞（き）かないで ください。

今（いま）でも 心（こころ）が 痛（いた）みますから。

山田（やまだ）: そうですか。私（わたし）も いまだに 初恋（はつこい）の 人（ひと）を…。

ナ: そうですか。 相手（あいて）は どんな 人（ひと）でしたか。

山田（やまだ）: 優（やさ）しくて きれいな 人（ひと）でした。

生（う）まれて はじめて 一目惚（ひとめぼ）れした 人（ひと）です。

小学校（しょうがっこう） 1年生（いちねんせい）の 時（とき）の 担任（たんにん）の 先生（せんせい）…。

ナ: なんだ。

야마다: 민아 씨, 민아 씨의 첫사랑은 언제였어요?

나민아: 첫사랑요? 대학 1학년 때였어요.

야마다: 첫사랑은 어떤 사람이었어요? 왜 헤어졌나요?

나민아: 너무 자세하게 묻지 마세요. 지금도 마음이 아프니까요.

야마다: 그렇습니까? 저도 아직까지 첫사랑의 사람을…….

나민아: 그래요? 상대는 어떤 사람이었죠?

야마다: 상냥하고 예쁜 사람이었어요.
태어나서 처음으로 첫눈에 반한 사람이었습니다.
초등학교 1학년 때 담임 선생님…….

나민아: 뭐라고요?

🔍 단어

初恋（はつこい） 첫사랑 ┃ いつ 언제 ┃ 大学（だいがく） 대학 ┃ 時（とき） 때 ┃ どうして 어째서 ┃ 別（わか）れる 헤어지다 ┃ あまり 너무 ┃ 詳（くわ）しく 자세히, 구체적으로 ┃ 聞（き）く 묻다, 듣다 ┃ 今（いま）でも 지금도 ┃ 心（こころ） 마음 ┃ 痛（いた）む 아프다 ┃ いまだに 아직도 ┃ 相手（あいて） 상대 ┃ 優（やさ）しい 상냥하다 ┃ 生（う）まれる 태어나다 ┃ はじめて 처음으로 ┃ 一目惚（ひとめぼ）れする 첫눈에 반하다 ┃ 小学校（しょうがっこう） 초등학교 ┃ 担任（たんにん）の先生（せんせい） 담임 선생님 ┃ なんだ 뭐야, 뭐라고?

GRAMMAR

1

〜ない
〜(하)지 않다

明日は 学校に 行かない。

少しも 休まない。

アルバイトは しない。

2

〜ないで ください
〜(하)지 마세요, 〜(하)지 말아 주세요

お酒を 飲まないで ください。

約束を 忘れないで ください。

欠席しないで ください。

3

〜でした
〜じゃ ありませんでした
〜이었습니다
〜(하)지 않았습니다

真面目な 学生でした。

とても 有名でした。

静かじゃ ありませんでした。

cf. い형용사의 과거형 　　｜　い형용사의 과거부정형
おいしかったです。　｜　おいしくなかったです。
良かったです。　　　｜　良くなかったです。

86

4 동사의 부정형(ない형)

Ⅰ그룹 동사 (5단 동사)	어미 う단 → あ단 + ない	行^いく 가다 ➡ 行^いかない 가지 않다 話^{はな}す 이야기하다 ➡ 話^{はな}さない 이야기하지 않다 待^まつ 기다리다 ➡ 待^またない 기다리지 않다 死^しぬ 죽다 ➡ 死^しなない 죽지 않다 遊^{あそ}ぶ 놀다 ➡ 遊^{あそ}ばない 놀지 않다 読^よむ 읽다 ➡ 読^よまない 읽지 않다 降^ふる (눈, 비) 내리다 ➡ 降^ふらない 내리지 않다
	예외	～う → ～わない 예 会^あう 만나다 ➡ 会^あわない 만나지 않다
Ⅱ그룹 동사 (상하1단 동사)	어간 + ない	見^みる 보다 ➡ 見^みない 보지 않다 起^おきる 일어나다 ➡ 起^おきない 일어나지 않다 食^たべる 먹다 ➡ 食^たべない 먹지 않다 寝^ねる 자다 ➡ 寝^ねない 자지 않다
Ⅲ그룹 동사 (불규칙 동사)		来^くる 오다 ➡ 来^こない 오지 않다 する 하다 ➡ しない 하지 않다

🔍 **단어**

明日(あした) 내일 ｜ 学校(がっこう) 학교 ｜ 少(すこ)しも 조금도 ｜ 休(やす)む 쉬다 ｜ アルバイト 아르바이트 ｜ お酒(さけ) 술 ｜ 約束(やくそく) 약속 ｜ 忘(わす)れる 잊다 ｜ 欠席(けっせき)する 결석하다 ｜ 真面目(まじめ)だ 성실하다 ｜ とても 매우 ｜ おいしかった 맛있었다 ｜ 良(よ)かった 좋았다

각 품사의 부정형(ない형)

1. 명사 + ～では[じゃ]ない

<ruby>学生<rt>がくせい</rt></ruby>では [じゃ]ない。　　학생이 아니다.

<ruby>恋人<rt>こいびと</rt></ruby>では [じゃ]ない。　　애인이 아니다.

2. い형용사 어간 + ～くない

<ruby>難<rt>むずか</rt></ruby>しくない。　　어렵지 않다.

<ruby>安<rt>やす</rt></ruby>くない。　　싸지 않다.

3. な형용사(형용동사) 어간 + ～では[じゃ]ない

<ruby>有名<rt>ゆうめい</rt></ruby>では [じゃ]ない。　　유명하지 않다.

<ruby>静<rt>しず</rt></ruby>かでは [じゃ]ない。　　조용하지 않다.

교육 관련

幼稚園(ようちえん) 유치원　　　　幼稚園児(ようちえんじ) 유치원생

小学校(しょうがっこう) 초등학교　　小学生(しょうがくせい) 초등학생

中学校(ちゅうがっこう) 중학교　　　中学生(ちゅうがくせい) 중학생

高等学校(こうとうがっこう) 고등학교　高校生(こうこうせい) 고등학생

大学(だいがく) 대학교　　　　　　大学生(だいがくせい) 대학생

大学院(だいがくいん) 대학원　　　　大学院生(だいがくいんせい) 대학원생

LET'S TALK

Ⅰ 다음 보기와 같이 연습해 보세요.

🎧 MP3 Lesson 08-2

| 보기 |

会^あう → 会^あわない

1 行^いく   2 話^{はな}す   3 吸^すう

4 見^みる   5 来^くる   6 する

Ⅱ 다음 보기와 같이 연습해 보세요.

| 보기 |

A: お願^{ねが}いが あるんですけど。

B: え、何^{なん}ですか。

A: 禁煙室^{きんえんしつ}ですから、ここで タバコを 吸^すわないで ください。

1

図書館^{としょかん} / ここで 寝^ねる

2

これは 秘密^{ひみつ} / 他^{ほか}の人^{ひと}に 話^{はな}す

3

授業中^{じゅぎょうちゅう} / いたずらを する

4

寒^{さむ}い / 窓^{まど}を 開^あける

🔍 단어 -

吸(す)う 피우다 ┃ お願(ねが)い 부탁 ┃ ~けど ~지만 ┃ 喫煙室(きつえんしつ) 금연실 ┃ タバコ 담배 ┃ 図書館(としょかん) 도서관
寝(ね)る 자다 ┃ 秘密(ひみつ) 비밀 ┃ 他(ほか)の人(ひと) 다른 사람 ┃ 授業中(じゅぎょうちゅう) 수업 중 ┃ いたずらをする 장난치다
寒(さむ)い 춥다 ┃ 窓(まど) 창문 ┃ 開(あ)ける 열다

LET'S TALK

Ⅲ 다음 보기와 같이 연습해 보세요.

> | 보기 |
>
> A: 学生時代、真面目でしたか。
>
> B: はい、真面目でした。
>
> いいえ、真面目じゃありませんでした。

1

旅行 / 楽しい / はい

2

料理 / おいしい / はい

3

景色 / きれいだ / はい

4

店員 / 親切だ / いいえ

5

交通 / 便利だ / いいえ

🔍 단어 --

学生時代(がくせいじだい) 학생 시절 | 真面目(まじめ)だ 성실하다 | 旅行(りょこう) 여행 | 楽(たの)しい 즐겁다 | 料理(りょうり) 요리 |
おいしい 맛있다 | 景色(けしき) 경치 | きれいだ 예쁘다 | 店員(てんいん) 점원 | 親切(しんせつ)だ 친절하다 | 交通(こうつう) 교통 |
便利(べんり)だ 편리하다

EXERCISE

다음 빈칸에 알맞은 말을 넣어 보세요.

① 거짓말을 하지 마세요. (うそをつく)

うそ _____

② 여기에서 사진을 찍지 마세요. (写真を撮る)

ここで _____

③ 여기에 차를 세우지 마세요. (車を止める)

ここに _____

④ 수업에 늦지 마세요. (授業に遅れる)

授業に _____

⑤ 너무 무리하지 마세요. (無理する)

あまり _____

 단어 -

うそをつく 거짓말을 하다 │ **写真**(しゃしん) 사진 │ **撮**(と)**る** 찍다 │ **車**(くるま) 차 │ **止**(と)**める** 세우다 │ **授業**(じゅぎょう) 수업 │ **遅** (おく)**れる** 늦다 │ **無理**(むり)**する** 무리하다

EXERCISE

禁
금할 금

음독 きん　훈독 禁(きん)じる 금하다　一 十 オ 林 林 埜 埜 禁 禁

| 禁 | 禁 | 禁 | 禁 | 禁 | 禁 |

止
그칠 지

음독 し　훈독 止(と)める 멈추다 / 止(や)める 그만두다　1 ト 止 止

| 止 | 止 | 止 | 止 | 止 | 止 |

禁止
금　지

| 禁止 | 禁止 | 禁止 | 禁止 | 禁止 | 禁止 |

禁煙
금　연

| 禁煙 | 禁煙 | 禁煙 | 禁煙 | 禁煙 | 禁煙 |

停止
정　지

| 停止 | 停止 | 停止 | 停止 | 停止 | 停止 |

외래어 연습

タバコ 담배

| タバコ | タバコ | タバコ | タバコ |

パソコン 컴퓨터

| パソコン | パソコン | パソコン | パソコン |

サービス 서비스

| サービス | サービス | サービス | サービス |

FUN & TALK

여러분들이 에티켓 없는 이 사람들 말려 주세요.

すみません。〜ないでください。

会社を辞めないほうがいいですよ。
かいしゃ や

회사를 그만두지 않는 편이 좋아요.

표현 익히기 권유 표현 ~た ほうが いい / 금지 권유 표현 ~ない ほうが いい

💬 Dialogue

姜：田中さん、ちょっと 悩みが あるんですけど…。

田中：え、何ですか。

姜：このごろ 会社を 辞めたくて…。

田中：どうしてですか。

姜：仕事は きついし、給料は 少ないし…。

田中：でも 簡単に 会社を 辞めないほうが いいですよ。

もっと 考えて 決めたほうが いいと 思います。

姜：それで 今晩 お酒でも 飲みながら

田中さんの ご意見を 聞きたいんですが…。

田中：姜さん！ まさか お酒を 飲みに 行きたくて…。

姜：ハハ、ばれちゃいましたね。

강한척:	다나카 씨, 좀 고민이 있는데요.	
다나카:	네? 뭔데요?	
강한척:	요즘 회사를 그만두고 싶어서.	
다나카:	왜 그러세요?	
강한척:	일은 힘들고, 급료는 적고.	

다나카: 하지만 간단히 회사를 그만두지 않는 편이 좋아요.
좀 더 생각하고 결정하는 편이 좋을 것 같아요.

강한척: 그래서 오늘 저녁에 술이라도 마시면서 다나카 씨의 고견을 듣고 싶습니다만.

다나카: 한척 씨! 설마 술을 마시러 가고 싶어서…….

강한척: 하하, 들켜 버렸네요.

🔍 단어

悩(なや)み 고민 | ある 있다 | ～けど ～(하)지만 | このごろ 요즘 | 辞(や)める 그만두다 | ～たい ～하고 싶다 | どうして 어째서,
왜 | 仕事(しごと) 일 | きつい 힘들다 | ～し ～(하)고 | 給料(きゅうりょう) 급료 | 少(すく)ない 적다 | でも 하지만 | 簡単(かんた
ん)に 간단히 | もっと 좀 더 | 考(かんが)える 생각하다 | 決(き)める 결정하다 | それで 그래서 | 今晩(こんばん) 오늘 밤 | ご意見
(いけん) 고견(의견의 높임말) | 聞(き)く 듣다 | まさか 설마 | ばれる 들키다 | ～ちゃう ～하고 말다, ～해 버리다(～てしまう의 축약형)

GRAMMAR

1 　**〜ないほうがいい**　　〜(하)지 않는 편이 좋다

: 동사의 부정형(ない형)＋ほうが いい

タバコは 吸_すわないほうが いいです。

あの 映画_{えいが}は 見_みないほうが いいです。

あまり 無理_{むり}しないほうが いいです。

2 　**〜と思_{おも}います**　　〜라고 생각합니다

毎日_{まいにち} こつこつ 勉強_{べんきょう}したほうが いいと 思_{おも}います。

恋人_{こいびと}には 話_{はな}さないほうが いいと 思_{おも}います。

なるべく 欠席_{けっせき}は しないほうが いいと 思_{おも}います。

 단어

タバコ 담배 ｜ **吸(す)う** 피우다 ｜ **映画(えいが)** 영화 ｜ **無理(むり)する** 무리하다 ｜ **毎日(まいにち)** 매일 ｜ **こつこつ** 차근차근 ｜ **勉強**
(べんきょう) 공부 ｜ **思(おも)う** 생각하다 ｜ **恋人(こいびと)** 연인 ｜ **〜には** 〜에게는 ｜ **話(はな)す** 말하다 ｜ **なるべく** 가능한 한 ｜ **欠席**
(けっせき) 결석

96

3 **〜たほうが いい**　　　〜하는 편이 좋다

：동사의 과거형(た형)＋ほうが いい

バスより 地下鉄に 乗ったほうが いいです。

朝 早く 起きたほうが いいです。

毎日 規則的に 運動したほうが いいです。

4 **〜てしまう[〜ちゃう]**　　　〜고 말다, 〜해 버리다
〜でしまう[〜じゃう]

忘れちゃいました。（= てしまいました）

死んじゃいました。（= でしまいました）

遅刻しちゃったんです。（= てしまいました）

 단어 --

バス 버스 ｜ 〜より 〜보다 ｜ 地下鉄(ちかてつ)に乗(の)る 지하철을 타다 ｜ 朝(あさ) 아침 ｜ 早(はや)く 일찍 ｜ 起(お)きる 일어나다 ｜
規則的(きそくてき) 규칙적 ｜ 運動(うんどう)する 운동하다 ｜ 忘(わす)れる 잊다 ｜ 死(し)ぬ 죽다 ｜ 遅刻(ちこく)する 지각하다

LET'S TALK

Ⅰ 다음 보기와 같이 연습해 보세요.

🎧 MP3 Lesson 09-2

| 보기 |

A: 結婚_{けっこん}したほうが いいですか。 しないほうが いいですか。

B: そうですね。 私_{わたし}は 結婚_{けっこん}したほうが いいと 思_{おも}います。

　　 そうですね。 私_{わたし}は 結婚_{けっこん}しないほうが いいと 思_{おも}います。

1

留学_{りゅうがく}に 行_いく

2

お酒_{さけ}を 飲_のむ

3

就職_{しゅうしょく}する

4

かさを 持_もって いく

5

タクシーに 乗_のる

 단어 --

結婚(けっこん)する 결혼하다 ┃ 留学(りゅうがく) 유학 ┃ 就職(しゅうしょく)する 취직하다 ┃ かさ 우산 ┃ 持(も)つ 가지다 ┃ **タクシー
に乗(の)る** 택시를 타다

Ⅱ 다음 보기와 같이 연습해 보세요.

|보기|

A: 頭が 痛いんですけど。

B: そうですか。
　　薬を 飲んだほうが いいですよ。

1 熱が あります / 今日は 運動を 休む

2 恋人と けんかした / 仲直りする

3 友達が 入院した / 早く お見舞いに 行く

4 疲れて 何も したくない / あまり 無理しない

Ⅲ 다음 보기와 같이 연습해 보세요.

|보기|

A: どうしたんですか。

B: 大事な お皿を わっちゃったんです。

1 会議に 遅れる　　　　2 財布を 忘れる

3 試験に 落ちる　　　　4 赤字になる

🔍 단어 --

頭(あたま) 머리 | 痛(いた)い 아프다 | 薬(くすり)を飲(の)む 약을 먹다 | 熱(ねつ)がある 열이 있다 | けんかする 다투다 | 仲直(なかなお)り 화해 | 入院(にゅういん) 입원 | 早(はや)く 빨리 | お見舞(みま)い 병문안 | 疲(つか)れる 피곤하다 | 何(なに)も 아무것도 | 無理(むり)する 무리하다 | 大事(だいじ)だ 중요하다 | お皿(さら) 접시 | わる 깨다 | 遅(おく)れる 늦다 | 財布(さいふ) 지갑 | 忘(わす)れる 잊다, 잃다 | 試験(しけん)に落(お)ちる 시험에 떨어지다 | 赤字(あかじ)になる 적자가 되다

EXERCISE

다음 빈칸에 알맞은 말을 넣어 보세요.

❶ 약을 먹고 푹 쉬는 편이 좋습니다. (薬を飲む / ゆっくり休む)

薬を _____、_____

❷ 운전면허를 따는 편이 좋습니다. (運転免許を取る)

運転免許を _____

❸ 무리한 다이어트는 하지 않는 편이 좋습니다. (ダイエット)

無理な _____

❹ 너무 기대하지 않는 편이 좋다고 생각합니다. (期待する)

あまり _____

❺ 중요한 약속을 잊어버리고 말았습니다. (約束 / 忘れる)

重要な _____

 단어

薬(くすり)を飲(の)む 약을 먹다 │ ゆっくり 천천히, 푹 │ 休(やす)む 쉬다 │ 運転免許(うんてんめんきょ) 운전면허 │ 取(と)る 취득하다,
잡다 │ 無理(むり)だ 무리이다 │ ダイエット 다이어트 │ あまり 너무, 그다지 │ 期待(きたい)する 기대하다 │ 重要(じゅうよう)だ 중요
하다 │ 約束(やくそく) 약속 │ 忘(わす)れる 잊다

運
읽을 독

음독 うん　　훈독 運(はこ)ぶ 운반하다　ノ 一 写 写 写 冒 冒 軍 軍 運

運	運	運	運	運	運

転
구를 전

음독 てん　　훈독 転(ころ)ぶ 넘어지다　一 二 亘 車 車 転 転 転

転	転	転	転	転	転

運転
운　전

運転	運転	運転	運転	運転	運転

運送
운　송

運送	運送	運送	運送	運送	運送

移転
이　전

移転	移転	移転	移転	移転	移転

コピー 복사

コピー	コピー	コピー	コピー

ファックス 팩스

ファックス	ファックス	ファックス	ファックス

プリンター 프린터

プリンター	プリンター	プリンター	プリンター

다음 그림을 보면서 이야기해 보세요.

〜したほうが いいです。
〜しないほうが いいです。

たばこを吸^すう
담배를 피우다

残業^{ざんぎょう}する
야근하다

勉強^{べんきょう}する
공부하다

散歩^{さんぽ}する
산책하다

旅行<ruby>りょこう<rt></rt></ruby>に行<ruby>い<rt></rt></ruby>く
여행 가다

お酒<ruby>さけ<rt></rt></ruby>を飲<ruby>の<rt></rt></ruby>む
술을 마시다

ごみを捨<ruby>す<rt></rt></ruby>てる
쓰레기를 버리다

隣<ruby>となり<rt></rt></ruby>の人<ruby>ひと<rt></rt></ruby>に迷惑<ruby>めいわく<rt></rt></ruby>をかける
옆 사람에게 피해를 주다

大声<ruby>おおごえ<rt></rt></ruby>で話<ruby>はな<rt></rt></ruby>す
큰 소리로 말하다

カンニングする
커닝하다

정답

LESSON 01
暇な時、何をしますか。

LET'S TALK

Ⅰ

1 **A:** 学校に行きますか。 학교에 갑니까?

　B: はい、学校に行きます。 네, 학교에 갑니다.

2 **A:** コーヒーを飲みますか。 커피를 마십니까?

　B: いいえ、コーヒーを飲みません。
　　아뇨, 커피를 마시지 않습니다.

3 **A:** 日本語で話しますか。 일본어로 이야기합니까?

　B: はい、日本語で話します。
　　네, 일본어로 이야기합니다.

4 **A:** 朝早く起きますか。
　　아침 일찍 일어납니까?

　B: いいえ、朝早く起きません。
　　아뇨, 아침 일찍 일어나지 않습니다.

5 **A:** 運転をしますか。 운전을 합니까?

　B: はい、運転をします。 네, 운전을 합니다.

Ⅱ

1 **A:** 昨日早く家に帰りましたか。
　　어제 일찍 집에 돌아왔습니까?

　B: はい、早く家に帰りました。
　　네, 일찍 집에 돌아왔습니다.

2 **A:** 昨日飲み屋へ行きましたか。
　　어제 술집에 갔습니까?

　B: いいえ、飲み屋へ行きませんでした。
　　아뇨, 술집에 가지 않았습니다.

3 **A:** 昨日映画を見ましたか。
　　어제 영화를 보았습니까?

　B: はい、映画を見ました。
　　네, 영화를 보았습니다.

4 **A:** 昨日デートをしましたか。
　　어제 데이트를 했습니까?

　B: はい、デートをしました。
　　네, 데이트를 했습니다.

5 **A:** 昨日友達は来ましたか。
　　어제 친구는 왔습니까?

　B: いいえ、友達は来ませんでした。
　　아뇨, 친구는 오지 않았습니다.

EXERCISE

1 日本に行きます。

2 日本語で話します。

3 お酒は飲みません。

4 友達に会いました。

5 勉強をしませんでした。

LESSON 02
今度の週末に遊びに行きませんか。

LET'S TALK

Ⅰ

1 **A:** 明日いっしょにスキーに行きませんか。
　　내일 같이 스키 타러 가지 않을래요?

　B: いいですね。では明日。
　　좋아요. 그럼, 내일 봐요.

2 **A:** 明日いっしょにドライブに行きません
　　か。 내일 같이 드라이브하러 가지 않을래요?

　B: いいですね。では明日。

3 **A:** 明日いっしょに映画を見に行きません
　　か。 내일 같이 영화 보러 가지 않을래요?

　B: いいですね。では明日。

104

4 **A:** 明日いっしょにお酒を飲みに行きません
   か。　내일같이 술마시러 가지 않을래요?

   B: いいですね。では明日。

5 **A:** 明日いっしょに泳ぎに行きませんか。
   내일같이 수영하러 가지 않을래요?

   B: いいですね。では明日。

Ⅱ

1 **A:** 何か飲みましょうか。
   뭔가 마실래요?

   B: いいですね。じゃ、ビールを飲みまし
   ょう。　좋아요. 그럼, 맥주를 마십시다.

2 **A:** 何か食べましょうか。
   뭔가 먹을래요?

   B: いいですね。じゃ、おすしを食べまし
   ょう。　좋아요. 그럼, 스시를 먹어요.

3 **A:** どこかショッピングに行きましょうか。
   어디 쇼핑하러 갈래요?

   B: いいですね。じゃ、明洞へ行きましょ
   う。　좋아요. 그럼, 명동에 가요.

4 **A:** どこか遊びに行きましょうか。
   어디 놀러 안 갈래요?

   B: いいですね。じゃ、ドリームランドに
   行きましょう。　좋아요. 그럼, 드림랜드에 가요.

EXERCISE

1 食事に行きませんか。

2 一生懸命勉強しましょう。

3 お茶でも飲みましょうか。

4 あのレストランは料理もおいしいし、サ
   ービスもいいです。

5 あのデパートは交通も便利だし、品物も
   多いです。

LESSON 03
おいしい冷麺が食べたいです。

LET'S TALK

Ⅰ

1 **A:** 日本語で話したいですか。
   일본어로 이야기하고 싶습니까?

   B: はい、日本語で話したいです。
   네, 일본어로 이야기하고 싶습니다.

   いいえ、日本語で話したくないです。
   아니요, 일본어로 이야기하고 싶지 않습니다.

2 **A:** 友達と遊びたいですか。
   친구와 놀고 싶습니까?

   B: はい、友達と遊びたいです。
   네, 친구와 놀고 싶습니다.

   いいえ、友達と遊びたくないです。
   아니요, 친구와 놀고 싶지 않습니다.

3 **A:** 早く家に帰りたいですか。
   빨리 집에 돌아가고 싶습니까?

   B: はい、早く家に帰りたいです。
   네, 빨리 집에 돌아가고 싶습니다.

   いいえ、早く家に帰りたくないです。
   아니요, 빨리 집에 돌아가고 싶지 않습니다.

4 **A:** 恋人と別れたいですか。
   애인과 헤어지고 싶습니까?

   B: はい、別れたいです。　예, 헤어지고 싶습니다.

   いいえ、別れたくないです。
   아뇨, 헤어지고 싶지 않습니다.

5 **A:** 残業したいですか。　야근하고 싶습니까?

   B: はい、残業したいです。
   예, 야근하고 싶습니다.

   いいえ、残業したくないです。
   아뇨, 야근하고 싶지 않습니다.

Ⅱ

1 **A:** 今何が一番ほしいですか。
   지금 가장 무엇을 갖고 싶습니까?

B: デジカメが一番ほしいです。

저는 디지털카메라를 가장 갖고싶습니다.

2 **A:** 今何が一番食べたいですか。

지금 무엇을 가장 먹고싶어요?

B: ケーキが一番食べたいです。

케이크가 가장 먹고싶어요.

3 **A:** 今何が一番飲みたいですか。

지금 무엇을 가장 마시고싶어요?

B: ビールが一番飲みたいです。

맥주를 가장 마시고싶어요.

4 **A:** どこへ一番行きたいですか。

어디에 가장 가고싶어요?

B: ヨーロッパに一番行きたいです。

유럽에 가장 가고싶어요.

EXERCISE

1 いい会社に就職したいです。

2 彼女と会いたいです。

3 今日は何もしたくありません。

4 最新型のケータイがほしいです。

5 立派な先生になりたいです。

LESSON 04
地下鉄駅まで歩いて行きます。

LET'S TALK

I

1 **A:** これから何をしますか。

이제부터 무엇을 할거예요?

B: 地下鉄に乗って会社に行きます。

지하철을 타고 회사에 갈거예요.

2 **A:** これから何をしますか。

B: コーヒーを飲んで仕事を始めます。

커피를 마시고 일을 시작할거예요.

3 **A:** これから何をしますか。

B: 友達に会って食事をします。

친구를 만나 식사를 할거예요.

4 **A:** これから何をしますか。

B: 家に帰ってシャワーを浴びます。

집에 가서 샤워를 할거예요.

5 **A:** これから何をしますか。

B: シャワーを浴びて寝ます。

샤워를 하고 잘거예요.

II

1 すみません。授業中ですから、ちょっと静かにしてください。

죄송합니다만, 수업중이니까 조용히 해주세요.

2 すみません。高いですから、ちょっと安くしてください。

죄송합니다만, 비싸니까 싸게 해주세요.

3 すみません。忙しいですから、ちょっと手伝ってください。

죄송합니다만, 바쁘지까 좀 도와주세요.

4 すみません。分からないですから、ちょっと教えてください。

죄송합니다만, 이해가 안되니까 좀 가르쳐 주세요.

5 すみません。よく聞こえないですから、ちょっと大きい声で言ってください。

죄송합니다만, 잘 들리지 않으니까, 좀 큰 소리로 말씀해 주세요.

III

1 **A:** 音楽を聞きながら何をしますか。

음악을 들으면서 무엇을 하나요?

B: 音楽を聞きながら勉強します。

음악을 들으면서 공부합니다.

2 **A:** 歌を歌いながら何をしますか。

노래를 부르면서 무엇을 하나요?

B: 歌を歌いながら踊りを踊ります。

노래를 부르면서 춤을 춥니다.

3 **A:** コーヒーを飲みながら何をしますか。

커피를 마시면서 무엇을 하나요?

B: コーヒーを飲みながら新聞を読みます。
커피를 마시면서 신문을 읽습니다.

4 A: 本を見ながら何をしますか。
책을 보면서 무엇을 합니까?

B: 本を見ながら料理をします。
책을 보면서 요리를 합니다.

5 A: ポップコーンを食べながら何をします
か。 팝콘을 먹으면서 무엇을 합니까?

B: ポップコーンを食べながら映画を見ま
す。 팝콘을 먹으면서 영화를 봅니다.

EXERCISE

1 図書館へ行って勉強します。

2 電話して予約をします。

3 メールを送ってください。

4 今早く来てください。

5 コーラを飲みながらピザを食べます。

LESSON 05
山田さんはオークションを知っていますか。

LET'S TALK

Ⅰ

1 A: 今何をしていますか。 지금 무엇을 하고 있습니까?
B: 友達と話しています。 친구와 이야기하고 있습니다.

2 A: 今何をしていますか。
B: 歌を歌っています。 노래를 부르고 있습니다.

3 A: 今何をしていますか。
B: 本を読んでいます。 책을 읽고 있습니다.

4 A: 今何をしていますか。
B: 仕事をしています。 일을 하고 있습니다.

5 A: 今何をしていますか。
B: デートをしています。 데이트를 하고 있습니다.

Ⅱ

1 A: 金さんはどの人ですか。 김씨는 누구입니까?
B: 眼鏡をかけている人です。
안경을 끼고 있는 사람입니다.

2 A: 中村さんはどの人ですか。
나카무라 씨는 누구입니까?
B: ミニスカートをはいている人です。
미니스커트를 입고 있는 사람입니다.

3 A: 田中さんはどの人ですか。
다나카씨는 누구입니까?
B: 帽子をかぶっている人です。
모자를 쓰고 있는 사람입니다.

4 A: 吉田さんはどの人ですか。
요시다 씨는 누구입니까?
B: ジュースを飲んでいる人です。
주스를 마시고 있는 사람입니다.

5 A: 鈴木さんはどの人ですか。
스즈키 씨는 누구입니까?
B: 笑っている人です。
웃고 있는 사람입니다.

Ⅲ

1 A: 失礼ですが、中村さんのお仕事は?
실례합니다만, 나카무라 씨의 일은?
B: 銀行に勤めています。 은행에 근무하고 있습니다.

2 A: 失礼ですが、金さんのお仕事は?
실례합니다만, 야마다 씨의 일은?
B: 商社に勤めています。 상사에 근무하고 있습니다.

3 A: 失礼ですが、田中さんのお仕事は?
실례합니다만, 다나카 씨의 일은?
B: 郵便局に勤めています。
우체국에 근무하고 있습니다.

4 **A:** 失礼ですが、朴さんのお仕事は？

실례합니다만, 박 씨의 일은?

B: 病院に 勤めています。 병원에 근무하고 있습니다.

EXERCISE

1 日本語を 習っています。

2 映画を 見ています。

3 雪が 降っています。

4 病院に 勤めています。

5 運転している 人は 山田さんです。

LESSON 06
妹さんは田中さんに似ていますか。

LET'S TALK

Ⅰ

1 **A:** ご家族は 何人ですか。／

何人家族ですか。 가족(분)은 몇 명이세요?

B: 母と 父と 私、3人家族です。

어머니와 아버지, 저, 3명입니다.

2 **A:** ご家族は 何人ですか。／

何人家族ですか。

B: 父と 母と 弟と 私、4人家族です。

아버지와 어머니, 남동생과 저, 4명입니다.

3 **A:** ご家族は 何人ですか。／

何人家族ですか。

B: 祖父と 祖母と 父と 母と 兄と 私、6人家族です。

할아버지, 할머니, 아버지, 어머니, 형과 저, 6명입니다.

4 **A:** ご家族は 何人ですか。／

何人家族ですか。

B: 両親と 姉と 妹と 私、5人家族です。

부모님과 누나 여동생, 저, 5명입니다.

Ⅱ

1 **A:** 金さんはだれに 似ていますか。

김 씨는 누구를 닮았습니까?

B: 父に 似ています。 아버지를 닮았습니다.

2 **A:** 田中さんはだれに 似ていますか。

다나카 씨는 누구를 닮았습니까?

B: 兄に 似ています。 형을 닮았습니다.

3 **A:** 朴さんはだれに 似ていますか。

박 씨는 누구를 닮았습니까?

B: 姉に 似ています。 누나를 닮았습니다.

4 **A:** 中村さんはだれに 似ていますか。

나카무라 씨는 누구를 닮았습니까?

B: だれにも 似ていません。

아무도 닮지 않았습니다.

Ⅲ

1 **A:** 失礼ですが、お父さんはおいくつですか。 실례합니다만, 아버지는 몇 살이세요?

B: 父は 63歳です。 아버지는 63세입니다.

2 **A:** 失礼ですが、お兄さんはおいくつですか。 실례합니다만, 형님은 몇 살이세요?

B: 兄は 34歳です。 형은 34세입니다.

3 **A:** 失礼ですが、弟さんはおいくつですか。

실례합니다만, 남동생은 몇 살이에요?

B: 弟は 27歳です。 남동생은 27세입니다.

4 **A:** 失礼ですが、妹さんはおいくつですか。

실례합니다만, 여동생은 몇 살이에요?

B: 妹は 24歳です。 여동생은 24세입니다.

EXERCISE

1 家族は 何人ですか。／何人家族ですか。

2 失礼ですが、おいくつですか。

3 山田さんはだれに似ていますか。

4 私は母に似ています。

5 弟はまだ結婚していません。

LESSON 07
お見合をしたことがありますか。

LET'S TALK

Ⅰ

1 **A:** 日本のドラマを見たことがありますか。
일본 드라마를 본 적이 있습니까?

B: はい、見たことがあります。
네, 본 적이 있습니다.

いいえ、見たことがありません。
아뇨, 본 적이 없습니다.

2 **A:** 納豆を食べたことがありますか。
낫토를 먹은 적이 있습니까?

B: はい、食べたことがあります。
네, 먹은 적이 있습니다.

いいえ、食べたことがありません。
아뇨, 먹은 적이 없습니다.

3 **A:** 病院に入院したことがありますか。
병원에 입원한 적이 있습니까?

B: はい、入院したことがあります。
네, 입원한 적이 있습니다.

いいえ、入院したことがありません。
아뇨, 입원한 적이 없습니다.

4 **A:** カンニングしたことがありますか。
커닝을 한 적이 있습니까?

B: はい、カンニングしたことがあります。
네, 커닝한 적이 있습니다.

いいえ、カンニングしたことがありません。아뇨, 커닝한 적이 없습니다.

5 **A:** 電車の中で居眠りしたことがあります
か。 전철에서 졸았던 적이 있습니까?

B: はい、居眠りしたことがあります。
네, 졸았던 적이 있습니다.

いいえ、居眠りしたことがありません。
아뇨, 졸았던 적이 없습니다.

Ⅱ

1 **A:** 飛行機に乗ったことがありますか。
비행기를 탄적이 있습니까?

B: いいえ、飛行機に乗ったことはありま
せんが、船に乗ったことはあります。
아니요, 비행기를 탄적은 없습니다만, 배를 탄적은 있습니다.

2 **A:** 東京に行ったことがありますか。
도쿄에 간적이 있습니까?

B: いいえ、東京に行ったことはありませ
んが、大阪に行ったことはあります。
아니요, 도쿄에 간일은 없습니다만, 오사카는 간적이 있습니다.

3 **A:** 日本人とデートしたことがありますか。
일본인과 데이트한 적이 있습니까?

B: いいえ、日本人とデートしたことはあ
りませんが、インターネットでチャッ
トしたことはあります。
아니요, 일본인과 데이트한 적은 없습니다만, 인터넷으로 채팅한 적이 있습니다.

4 **A:** 授業に欠席したことがありますか。
수업에 결석한 적이 있습니까?

B: いいえ、授業に欠席したことはありま
せんが、遅刻したことはあります。
아니요, 수업에 결석한 적은 없습니다만, 지각한 일은 있습니다.

5 **A:** 焼酎を飲んだことがありますか。
소주를 마신 적이 있습니까?

B: いいえ、焼酎を飲んだことはありませ
んが、ビールを飲んだことはあります。
아니요, 소주를 마신 적은 없습니다만, 맥주를 마신 적은 있습니다.

EXERCISE

1 日本の小説を読んだことがあります。

2 入学試験に落ちたことがあります。

3 重要な約束を忘れたことがあります。

4 一度も日本に行ったことがありません。

5 一度も欠席したことがありません。

LESSON 08
あまり詳しく聞かないでください。

LET'S TALK

Ⅰ

1 行く→行かない

2 話す→話さない

3 吸う→吸わない

4 見る→見ない

5 来る→来ない

6 する→しない

Ⅱ

1 **A:** お願いがあるんですけど。 부탁이 있는데요.

　B: え、何ですか。 네, 뭔데요?

　A: 図書館ですから、ここで寝ないでください。 도서관이니까 여기서 자지 마세요.

2 **A:** お願いがあるんですけど。

　B: え、何ですか。

　A: これは秘密ですから、他の人に話さないでください。
　이것은 비밀이니까 다른 사람에게 이야기하지 마세요.

3 **A:** お願いがあるんですけど。

　B: え、何ですか。

　A: 授業中ですから、いたずらをしないでください。 수업 중이므로 장난치지 마세요.

4 **A:** お願いがあるんですけど。

B: え、何ですか。

A: 寒いですから、窓を開けないでください。 추우니까 창문을 열지 마세요.

Ⅲ

1 **A:** 旅行は楽しかったですか。
　여행은 즐거웠나요?

　B: はい、楽しかったです。
　네, 즐거웠어요.

2 **A:** 料理はおいしかったですか。
　요리는 맛있었나요?

　B: はい、おいしかったです。
　네, 맛있었어요.

3 **A:** 景色はきれいでしたか。 경치는 아름다웠나요?

　B: はい、きれいでした。 네, 아름다웠어요.

4 **A:** 店員は親切でしたか。 점원은 친절했나요?

　B: いいえ、親切じゃありませんでした。
　아뇨, 친절하지 않았어요.

5 **A:** 交通は便利でしたか。 교통은 편리했나요?

　B: いいえ、便利じゃありませんでした。
　아뇨, 편리하지 않았어요.

EXERCISE

1 うそをつかないでください。

2 ここで写真を撮らないでください。

3 ここに車を止めないでください。

4 授業に遅れないでください。

5 あまり無理しないでください。

LESSON 09
会社を辞めないほうがいいですよ。

LET'S TALK

Ⅰ

1 **A:** 留学に行ったほうがいいですか。行かないほうがいいですか。

유학가는 편이 좋아요?가지 않는 편이 좋아요?

B: そうですね。私は留学に行ったほうがいいと思います。

글쎄요. 저는 유학가는 편이 좋다고 생각해요.

そうですね。私は留学に行かないほうがいいと思います。

글쎄요. 저는 유학가지 않는 편이 좋다고 생각해요.

2 **A:** お酒を飲んだほうがいいですか。飲まないほうがいいですか。

술을 마시는 편이 좋아요?마시지 않는 편이 좋아요?

B: そうですね。私はお酒を飲んだほうがいいと思います。

글쎄요. 저는 술을 마시는 편이 좋다고 생각해요.

そうですね。私はお酒を飲まないほうがいいと思います。

글쎄요. 저는 술을 마시지 않는 편이 좋다고 생각해요.

3 **A:** 就職したほうがいいですか。しないほうがいいですか。

취직하는 편이 좋아요?하지 않는 편이 좋아요?

B: そうですね。私は就職したほうがいいと思います。

글쎄요. 저는 취직하는 편이 좋다고 생각해요.

そうですね。私は就職しないほうがいいと思います。

글쎄요. 저는 취직하지 않는 편이 좋다고 생각해요.

4 **A:** かさを持っていったほうがいいですか。持っていかないほうがいいですか。

우산을 가져가는 편이 좋아요?가져가지 않는 편이 좋아요?

B: そうですね。私は持っていったほうがいいと思います。

글쎄요. 저는 가져가는 편이 좋다고 생각해요.

そうですね。私は持っていかないほうがいいと思います。

글쎄요. 저는 가져가지 않는 편이 좋다고 생각해요.

5 **A:** タクシーに乗ったほうがいいですか。乗らないほうがいいですか。

택시를 타는 편이 좋아요?타지 않는 편이 좋아요?

B: そうですね。私はタクシーに乗ったほうがいいと思います。

글쎄요. 저는 택시를 타는 편이 좋다고 생각해요.

そうですね。私はタクシーに乗らないほうがいいと思います。

글쎄요. 저는 택시를 타지 않는 편이 좋다고 생각해요.

Ⅱ

1 **A:** 熱がありますけど。 열이 있는데요.

B: そうですか。今日は運動を休んだほうがいいですよ。 그래요?오늘은 운동을 쉬는 게 좋겠어요.

2 **A:** 恋人とけんかしたんですけど。 애인과 다퉜는데요.

B: そうですか。仲直りしたほうがいいですよ。 그래요?화해하는 편이 좋겠어요.

3 **A:** 友達が入院したんですけど。 친구가 입원했어요.

B: そうですか。早くお見舞いに行ったほうがいいですよ。 그래요?빨리 문병가는 편이 좋겠어요.

4 **A:** 疲れて何もしたくないんですけど。 피곤해서 아무것도 하고 싶지 않은데요.

B: そうですか。あまり無理しないほうがいいですよ。 그래요?너무 무리하지 않는 편이 좋겠어요.

Ⅲ

1 **A:** どうしたんですか。 왜그래요?

B: 会議に遅れちゃったんです。 회의에 늦고 말았어요.

2 **A:** どうしたんですか。

B: 財布を忘れちゃったんです。 지갑을 잃어버렸어요.

3 **A:** どうしたんですか。

  B: 試験に落ちちゃったんです。

  시험에 떨어지고 말았어요.

4 **A:** どうしたんですか。

  B: 赤字になっちゃったんです。

  적자가돼 버렸어요.

EXERCISE

1 薬を飲んでゆっくり休んだほうがいいで
す。

2 運転免許を取ったほうがいいです。

3 無理なダイエットはしないほうがいいで
す。

4 あまり期待しないほうがいいです。

5 重要な約束を忘れちゃいました[忘れてし
まいました]。

강경자 지음·온즈카 치요 감수

단계별로 실력을 키워가는

NEW うきうき

우 키 우 키

일본어

STEP **2**

Workbook

넥서스 *JAPANESE*

단계별로 실력을 키워가는

NEW
うきうき
우 키 우 키

일본어

STEP ②

강경자 지음 · 온즈카 치요 감수

Workbook

넥서스 JAPANESE

暇な時、何をしますか。

한가할 때 무엇을 합니까?

Step 1 ▶ 필수 단어 익히기

食堂	식당	死ぬ	죽다
種類	종류	遊ぶ	놀다
映画	영화	飲む	마시다
暇だ	한가하다	読む	읽다
嬉しい	기쁘다	見る	보다
会う	만나다	起きる	일어나다
行く	가다	食べる	먹다
泳ぐ	헤엄치다	寝る	자다
話す	이야기하다	来る	오다
待つ	기다리다	する	하다

✏️ 제시된 단어를 예와 같이 일본어로 써 보세요.

예
종류 種類

1 식당

2 기쁘다

3 가다

4 놀다

5 자다

6 영화

❶ 동사의 ます형

Ⅰ그룹 동사 (5단 동사)	う단 → い단 + ます
Ⅱ그룹 동사 (상하 1단 동사)	어간 + ます
Ⅲ그룹 동사 (불규칙 동사)	来る ➡ 来ます / する ➡ します

❷ ます ~습니다(동사의 정중형) / **ません** ~(하)지 않습니다(정중 부정형)

❸ ました ~었습니다(동사의 과거형) / **ませんでした** ~(하)지 않았습니다(과거 부정형)

❹ 조사

~を ~을/를 / ~と ~와, 과 / ~へ ~에, ~로(방향)

~で ~에서(장소), ~로(도구) / ~に ~에(위치, 시점), ~을/를(대상)

빈칸에 알맞은 말을 넣어 보세요.

1 会う (만나다) ＿＿＿＿＿＿＿ (만납니다)

2 行く (가다) ＿＿＿＿＿＿＿ (갑니다)

3 話す (이야기하다) ＿＿＿＿＿＿＿ (이야기합니다)

4 待つ (기다리다) ＿＿＿＿＿＿＿ (기다립니다)

5 死ぬ (죽다) ＿＿＿＿＿＿＿ (죽었습니다)

6 飲む (마시다) ＿＿＿＿＿＿＿ (마셨습니다)

7 帰る (돌아가다) ＿＿＿＿＿＿＿ (돌아갔습니다)

8 見る (보다) ＿＿＿＿＿＿＿ (보지 않습니다)

9 食べる (먹다) ＿＿＿＿＿＿＿ (먹지 않습니다)

10 来る (오다) ＿＿＿＿＿＿＿ (오지 않았습니다)

✏️ **빈칸에 알맞은 말을 넣어 보세요.**

Ⅰ

1 A 学校に _____。(行く)
　　　　　　　　갑니까?

　　B はい、_____。
　　　　　　　갑니다

2 A コーヒーを _____。(飲む)
　　　　　　　　　마십니까?

　　B いいえ、_____。
　　　　　　　마시지 않습니다

3 A 日本語で _____。(話す)
　　　　　　　이야기합니까?

　　B はい、_____。
　　　　　　이야기합니다

4 A 朝早く _____。(起きる)
　　　　　　일어납니까?

　　B いいえ、_____。
　　　　　　일어나지 않습니다

Ⅱ

1 A 早く 家に _____。(帰る)
　　　　　　　　돌아갔습니까?

　　B はい、_____。
　　　　　　돌아갔습니다

2 A 飲み屋へ _____。(行く)
　　　　　　　　갔습니까?

　　B いいえ、_____。
　　　　　　가지 않았습니다

3 A 映画を _____。(見る)
　　　　　　봤습니까?

　　B はい、_____。
　　　　　　봤습니다

4 A デートを _____。(する)
　　　　　　　했습니까?

　　B はい、_____。
　　　　　　했습니다

5 A 友達は _____。(来る)
　　　　　　왔습니까?

　　B いいえ、_____。
　　　　　　오지 않았습니다

今度の週末に遊びに行きませんか。

이번 주말에 놀러 가지 않을래요?

Step 1 　필수 단어 익히기

お茶	차	時間	시간
お酒	술	雰囲気	분위기
旅行	여행	少し	조금
散歩	산책	一生懸命	열심히
買い物	쇼핑	新鮮だ	신선하다
品物	물건	出発する	출발하다
週末	주말	気軽に	(마음) 가볍게
景色	경치	休む	쉬다
食事	식사	ドライブ	드라이브
頭	머리	スキー	스키

제시된 단어를 예와 같이 일본어로 써 보세요.

예
열심히　一生懸命

1 여행

2 산책

3 주말

4 출발

5 식사

6 경치

5

---

❶ 목적 표현　～に ~하러

　　　　　　　　　　　　(명사 + に / 동사의 ます형 + に)

❷ 나열 표현　～し ~(하)고(나열)

❸ 권유 표현　～ませんか ~하지 않겠습니까

　　　　　　　　～ましょう ~합시다

　　　　　　　　～ましょうか ~할까요

✏️ **빈칸에 알맞은 말을 넣어 보세요.**

----

1 食事_____　行きます。
　　　　하러

2 _____　来ます。
　　만나러

3 彼は　ハンサムだ_____、頭も　いいです。
　　　　　　　　　　　　하고

4 ちょっと　お茶でも　_____。
　　　　　　　　　　　　　　마시지 않겠습니까?

5 一生懸命　_____。
　　　　　　　공부합시다

6 いっしょに　_____。
　　　　　　　　　놀까요?

✏️ 빈칸에 알맞은 말을 넣어 보세요.

Ⅰ **1** _____ 行きませんか。
스키 타러

2 _____ 行きませんか。
드라이브하러

3 _____ 行きませんか。
영화를 보러

4 _____ 行きませんか。
술을 마시러

5 _____ 行きませんか。
수영하러(헤엄치러)

Ⅱ **1** A 何か　飲みましょうか。

B _____
맥주를 마십시다(마시죠).

2 A 何か　食べましょうか。

B _____
초밥을 먹읍시다(먹죠).

3 A どこか　ショッピングに　行きましょうか。

B _____
명동에 갑시다.

4 A どこか　遊びに　行きましょうか。

B _____
드림랜드에 갑시다.

おいしい冷麺が食べたいです。

맛있는 냉면을 먹고 싶어요.

 Step 1 필수 단어 익히기

お昼 _{ひる}	점심	美しい _{うつく}	아름답다
定食 _{ていしょく}	정식	若い _{わか}	젊다
久しぶりに _{ひさ}	오랜만에	立派だ _{りっ ぱ}	훌륭하다
結婚 _{けっ こん}	결혼	別れる _{わか}	헤어지다
社会人 _{しゃ かい じん}	사회인	帰る _{かえ}	돌아가다
恋人 _{こい びと}	애인	メニュー	메뉴
残業 _{ざんぎょう}	잔업, 야근	デザイナー	디자이너
就職 _{しゅうしょく}	취직	アクセサリー	액세서리
最新型 _{さい しん がた}	최신형	サングラス	선글라스

제시된 단어를 예와 같이 일본어로 써 보세요.

예
훌륭하다 立派だ _{りっ ば}

1 결혼　　　　　　**2** 애인　　　　　　**3** 잔업

4 아름답다　　　　**5** 돌아가다　　　　**6** 점심

❶ **소원표현**

　〜**たい**　〜(하)고 싶다 (동사의 ます형에 접속)

　〜**たくない**　〜(하)고 싶지 않다

　〜**が ほしい**　〜을(를) 갖고 싶다

　〜**に なりたい**　〜이(가) 되고 싶다

✏ 빈칸에 알맞은 말을 넣어 보세요.

1 日本へ ＿＿＿＿＿＿です。
にほん
일본에 가고 싶습니다.

2 ＿＿＿＿＿＿です。
결혼하고 싶습니다.

3 何も ＿＿＿＿＿＿＿です。
なに
아무것도 먹고 싶지 않습니다.

4 かわいい 犬が ＿＿＿＿＿＿です。
いぬ
귀여운 개를 갖고 싶습니다.

5 有名な デザイナーに ＿＿＿＿＿＿です。
ゆうめい
유명한 디자이너가 되고 싶습니다.

✏️ 빈칸에 알맞은 말을 넣어 보세요.

I　**1**　A 日本語で　話したいですか。

　　　B はい、＿＿＿＿＿＿＿＿＿＿＿＿＿＿＿＿＿。
　　　　　　일본어로 이야기하고 싶어요

　　2　A 友達と　遊びたいですか。

　　　B はい、＿＿＿＿＿＿＿＿＿＿＿＿＿＿＿＿＿。
　　　　　　친구와 놀고 싶어요

　　3　A 早く　家に　帰りたいですか。

　　　B はい、＿＿＿＿＿＿＿＿＿＿＿＿＿＿＿＿＿。
　　　　　　일찍 집에 돌아가고 싶어요

　　4　A 恋人と　別れたいですか。

　　　B いいえ、＿＿＿＿＿＿＿＿＿＿＿＿＿＿＿＿。
　　　　　　애인과 헤어지고 싶지 않아요

　　5　A 残業したいですか。

　　　B いいえ、＿＿＿＿＿＿＿＿＿＿＿＿＿＿＿＿。
　　　　　　잔업하고 싶지 않아요

II　**1**　A 今　何が　一番　ほしいですか。

　　　B ＿＿＿＿＿＿＿＿＿＿＿＿＿＿＿＿＿＿＿＿。
　　　　　가방을 가장 갖고 싶어요.

　　2　A 今　何が　一番　食べたいですか。

　　　B ＿＿＿＿＿＿＿＿＿＿＿＿＿＿＿＿＿＿＿＿。
　　　　　라면을 가장 먹고 싶어요.

　　3　A 今　何が　一番　飲みたいですか。

　　　B ＿＿＿＿＿＿＿＿＿＿＿＿＿＿＿＿＿＿＿＿。
　　　　　커피를 가장 마시고 싶어요.

　　4　A どこへ　一番　行きたいですか。

　　　B ＿＿＿＿＿＿＿＿＿＿＿＿＿＿＿＿＿＿＿＿。
　　　　　오키나와에 가장 가고 싶어요.

地下鉄駅まで歩いて行きます。

지하철역까지 걸어서 갑니다.

Step 1 필수 단어 익히기

顔	얼굴	書く	쓰다
手	손	聞く	듣다
声	목소리	始める	시작하다
住所	주소	教える	가르치다
窓	창문	説明する	설명하다
予約	예약	手伝う	돕다, 거들다
洗う	씻다	乗り換える	갈아타다
言う	말하다	降りる	내리다
開ける	열다	歌を歌う	노래를 부르다
歩く	걷다	踊りを踊る	춤을 추다

✏️ 제시된 단어를 예와 같이 일본어로 써 보세요.

예 시작하다 始める

1 얼굴

2 씻다

3 가르치다

4 설명하다

5 갈아타다

6 주소

❶ **동사의 て형** ~(하)고, ~(해)서

I그룹 동사 (5단 동사)	II그룹 동사 (상하 1단 동사)	III그룹 동사 (불규칙 동사)
く→いて / ぐ→いで (예외 行く → 行って) う, つ, る → って ぬ, ぶ, む → んで す → して	어간 + て	来る → 来て する → して

❷ **～てください** ~해 주세요

❸ **～ながら** ~하면서(동시 동작) (동사의 ます형에 접속)

✏️ 빈칸에 알맞은 말을 넣어 보세요.

1 朝 _____ 顔を 洗います。
아침에 일어나서 얼굴을 씻습니다.

2 バスに _____ 会社へ 行きます。
버스를 타고 회사에 갑니다.

3 ここに 住所を _____。
여기에 주소를 써 주세요.

4 もう 一度 説明_____。
한 번 더 설명해 주세요.

5 音楽を _____ コーヒーを 飲みます。
음악을 들으면서 커피를 마십니다.

Step 3 회화 연습하기

✏️ 빈칸에 알맞은 말을 넣어 보세요.

Ⅰ

1 A これから 何^{なに}を しますか。

B _____
지하철을 타고 회사에 갑니다.

2 A これから 何^{なに}を しますか。

B _____
커피를 마시고 일을 시작합니다.

3 A これから 何^{なに}を しますか。

B _____
친구를 만나서 식사를 합니다.

4 A これから 何^{なに}を しますか。

B _____
집에 돌아가서 샤워를 합니다.

5 A これから 何^{なに}を しますか。

B _____
샤워를 하고 잡니다.

Ⅱ

1 すみません。 _____
수업중이니까 조용히 해 주세요.

2 すみません。 _____
비싸니까 싸게 해 주세요.

3 すみません。 _____
바쁘니까 도와주세요.

4 すみません。 _____
모르니까 가르쳐 주세요.

5 すみません。 _____
잘 안 들리니까 큰 목소리로 말해 주세요.

山田さんはオークションを知っていますか。
야마다 씨는 옥션을 아세요?

🔍 **Step 1** 필수 단어 익히기

<ruby>雨<rt>あめ</rt></ruby>	비	<ruby>座<rt>すわ</rt></ruby>る	앉다
<ruby>雪<rt>ゆき</rt></ruby>	눈	<ruby>習<rt>なら</rt></ruby>う	배우다
<ruby>風<rt>かぜ</rt></ruby>	바람	<ruby>入<rt>はい</rt></ruby>る	들어가다, 들어오다
<ruby>教師<rt>きょうし</rt></ruby>	교사	<ruby>立<rt>た</rt></ruby>つ	일어서다, 서다
<ruby>商社<rt>しょうしゃ</rt></ruby>	상사	<ruby>眼鏡<rt>めがね</rt></ruby>をかける	안경을 쓰다
<ruby>病院<rt>びょういん</rt></ruby>	병원	<ruby>帽子<rt>ぼうし</rt></ruby>をかぶる	모자를 쓰다
<ruby>貿易会社<rt>ぼうえきがいしゃ</rt></ruby>	무역회사	スーツを<ruby>着<rt>き</rt></ruby>る	정장을 입다
<ruby>知<rt>し</rt></ruby>る	알다	ネクタイをしめる	넥타이를 메다
<ruby>笑<rt>わら</rt></ruby>う	웃다	<ruby>靴<rt>くつ</rt></ruby>をはく	구두를 신다
<ruby>住<rt>す</rt></ruby>む	살다	スカートをはく	스커트를 입다

✏️ 제시된 단어를 예와 같이 일본어로 써 보세요.

예
무역회사 <ruby>貿易会社<rt>ぼうえきがいしゃ</rt></ruby>

1 비

2 교사

3 앉다

4 배우다

5 살다

6 들어가다

Step 2 핵심 문법 복습하기

---

❶ **〜ています** 〜(하)고 있습니다 (동사의 て형 + います)

　1. 현재 진행 동작

　2. 자세, 표정

　3. 옷차림, 착용

　4. 날씨, 사물의 상태

　5. 직업, 거주지

❷ **〜ている + 명사** 〜하고 있는

✏️ 빈칸에 알맞은 말을 넣어 보세요.

- -

1 レポートを ＿＿＿＿＿＿ います。
　　　　　　　_{쓰고}

2 雨が ＿＿＿＿＿＿＿＿＿＿。
　　^{あめ}　　_{내리고 있습니다}

3 ソウルに ＿＿＿＿＿＿＿＿＿＿＿。
　　　　　　　_{살고 있습니다}

4 スーツを ＿＿＿＿＿＿＿＿＿＿ 人が 山田さんです。
　　　　　_{입고 있는}　　　　^{ひと}　^{やまだ}

5 ＿＿＿＿＿＿＿＿＿＿＿＿ 人は 中村さんです。
　_{책을 읽고 있는}　　　　^{ひと}　^{なかむら}

✎ 빈칸에 알맞은 말을 넣어 보세요.

Ⅰ　A 今　何を　していますか。

1　B 友達と ＿＿＿＿＿＿＿＿＿＿＿＿＿＿＿＿。
　　　　　　이야기하고 있습니다

2　B 歌を ＿＿＿＿＿＿＿＿＿＿＿＿＿＿＿＿。
　　　　　부르고 있습니다

3　B 本を ＿＿＿＿＿＿＿＿＿＿＿＿＿＿＿＿。
　　　　　읽고 있습니다

4　B 仕事を ＿＿＿＿＿＿＿＿＿＿＿＿＿＿＿＿。
　　　　　　하고 있습니다

5　B デートを ＿＿＿＿＿＿＿＿＿＿＿＿＿＿＿＿。
　　　　　　　하고 있습니다

Ⅱ　1　A 金さんは　どの人ですか。

　　　B ＿＿＿＿＿＿＿＿＿＿＿＿ 人です。
　　　　　안경을 쓰고 있는

2　A 中村さんは　どの人ですか。

　　　B ＿＿＿＿＿＿＿＿＿＿＿＿ 人です。
　　　　　미니스커트를 입고 있는

3　A 田中さんは　どの人ですか。

　　　B ＿＿＿＿＿＿＿＿＿＿＿＿ 人です。
　　　　　모자를 쓰고 있는

4　A 吉田さんは　どの人ですか。

　　　B ＿＿＿＿＿＿＿＿＿＿＿＿ 人です。
　　　　　주스를 마시고 있는

5　A 鈴木さんは　どの人ですか。

　　　B ＿＿＿＿＿＿＿＿＿＿＿＿ 人です。
　　　　　웃고 있는

妹さんは田中さんに似ていますか。

여동생은 다나카 씨를 닮았나요?

 Step 1 필수 단어 익히기

祖父 そふ	(자신의) 할아버지	お祖父さん じい	할아버지
祖母 そぼ	할머니	お祖母さん ばあ	할머니
父 ちち	아버지	お父さん とう	아버지
母 はは	어머니	お母さん かあ	어머니
兄 あに	형, 오빠	お兄さん にい	형, 오빠
姉 あね	누나, 언니	お姉さん ねえ	누나, 언니
妹 いもうと	여동생	妹さん いもうと	여동생(분)
弟 おとうと	남동생	弟さん おとうと	남동생(분)
息子 むすこ	아들	兄弟 きょうだい	형제
娘 むすめ	딸	両親 りょうしん	양친, 부모님

✏️ 제시된 단어를 예와 같이 일본어로 써 보세요.

예

남동생 弟 おとうと

1 양친, 부모님

2 형제

3 아들

4 딸

5 여동생

6 누나, 언니

① 何人兄弟ですか　형제가 몇 명이에요?

② おいくつですか　몇 살이에요?

③ ～に 似て いる　～을(를) 닮다

④ 結婚して いる　결혼한 상태

✏️ **빈칸에 알맞은 말을 넣어 보세요.**

---

1 가족관계

	(자기 가족을 남에게 소개 할 때)	(남의 가족을 존칭)
할아버지	祖父	할아버님 ＿＿＿＿＿＿＿＿＿。
할머니	＿＿＿＿＿＿＿＿＿	お祖母さん
아버지	父	아버님 ＿＿＿＿＿＿＿＿。
어머니	＿＿＿＿＿＿＿＿＿	お母さん
형·오빠	兄	형님 ＿＿＿＿＿＿＿＿＿。
누나·언니	＿＿＿＿＿＿＿＿＿	お姉さん
남동생	弟	남동생분 ＿＿＿＿＿＿＿。
여동생	＿＿＿＿＿＿＿＿＿	妹さん

2 失礼ですけど、＿＿＿＿＿＿ですか。
　　　　　　　　　　　　몇 살

✏️ 빈칸에 알맞은 말을 넣어 보세요.

I

1 A ご家族は 何人ですか。

B ＿＿＿＿＿＿＿＿＿＿＿＿＿私、3人 家族です。
　　어머니와 아버지와

2 A ご家族は 何人ですか。

B ＿＿＿＿＿＿＿＿＿＿＿＿＿私、4人 家族です。
　　아버지와 어머니와 남동생과

3 A ご家族は 何人ですか。

B ＿＿＿＿＿＿＿＿＿＿＿＿＿私、5人 家族です。
　　할아버지와 할머니와 어머니와 형과

4 A 金さんは だれに 似ていますか。

B ＿＿＿＿＿＿に 似ています。
　　아버지

5 A 中村さんは だれに 似ていますか。

B ＿＿＿＿＿＿ 似ていません。
　　아무도

II

1 A 失礼ですが、お父さんは おいくつですか。

B ＿＿＿＿＿＿＿＿は 63歳です。
　　아버지

2 A 失礼ですが、お兄さんは おいくつですか。

B ＿＿＿＿＿＿＿＿＿＿＿＿＿＿＿＿＿＿＿
　　형은 34살입니다.

3 A 失礼ですが、弟さんは おいくつですか。

B ＿＿＿＿＿＿＿＿＿＿＿＿＿＿＿＿＿＿＿
　　남동생은 27살입니다.

4 A 失礼ですが、妹さんは おいくつですか。

B ＿＿＿＿＿＿＿＿＿＿＿＿＿＿＿＿＿＿＿
　　여동생은 20살입니다.

お見合をしたことがありますか。

맞선을 본 적이 있나요?

Step 1 필수 단어 익히기

相手 あいて	상대	出張 しゅっちょう	출장
電車 でんしゃ	전철	書類 しょるい	서류
船 ふね	배	読書 どくしょ	독서
飛行機 ひこうき	비행기	情報会社 じょうほうがいしゃ	정보회사
欠席 けっせき	결석	忘れる わす	잊다
遅刻 ちこく	지각	お見合いをする みあ	맞선을 보다
小説 しょうせつ	소설	入会する にゅうかい	가입하다
入学 にゅうがく	입학	入院する にゅういん	입원하다
試験 しけん	시험	居眠りする いねむ	(앉아서) 깜빡 졸다
約束 やくそく	약속	気に入る きい	마음에 들다

✏️ 제시된 단어를 예와 같이 일본어로 써 보세요.

예
정보회사 **情報会社**
じょうほうがいしゃ

1 결석 　　　　　　**2** 지각 　　　　　　**3** 시험

4 서류 　　　　　　**5** 독서 　　　　　　**6** 비행기

Step 2 핵심 문법 복습하기

❶ 동사의 과거형 (た형) ~았(었)다

I그룹 동사 (5단 동사)	II그룹 동사 (상하 1단 동사)	III그룹 동사 (불규칙 동사)
く → いた / ぐ → いだ (예외 行く → 行った) う, つ, る → った ぬ, ぶ, む → んだ す → した	어간 + た	来る → 来た する → した

❷ ~た ことが ある ~한 적이 있다(경험)

❸ ~んです ~이랍니다, ~이거든요(이유 설명, 강조)

✏️ **빈칸에 알맞은 말을 넣어 보세요.**

1 昨日　友達に ＿＿＿＿＿＿＿＿。
　　　　　　　　　만났다

2 一生懸命 ＿＿＿＿＿＿＿＿。
　　　　　　　공부했다

3 日本へ　出張に ＿＿＿＿＿＿＿＿＿＿＿＿＿＿＿。
　　　　　　　　　　간 적이 있습니다

4 私の　大切な　人＿＿＿＿＿＿＿＿＿＿＿。
　　　　　　　　　　　이랍니다

5 ここは　本当に　交通が ＿＿＿＿＿＿＿＿＿＿＿＿＿。
　　　　　　　　　　　　　편리하답니다

✎ 빈칸에 알맞은 말을 넣어 보세요.

I

1 A 日本の ドラマを 見た ことが ありますか。

B はい、＿＿＿＿＿＿＿＿＿＿＿＿＿＿＿＿。
　　　　　본 적이 있어요

2 A 納豆を 食べた ことが ありますか。

B いいえ、＿＿＿＿＿＿＿＿＿＿＿＿＿＿＿。
　　　　　먹은 적이 없어요

3 A 病院に 入院した ことが ありますか。

B はい、＿＿＿＿＿＿＿＿＿＿＿＿＿＿＿＿。
　　　　　입원한 적이 있어요

4 A カンニングした ことが ありますか。

B いいえ、＿＿＿＿＿＿＿＿＿＿＿＿＿＿＿。
　　　　　커닝한 적이 없어요

5 A 電車の 中で 居眠りした ことが ありますか。

B はい、＿＿＿＿＿＿＿＿＿＿＿＿＿＿＿＿。
　　　　　졸은 적이 있어요

II

1 A 飛行機に 乗った ことが ありますか。

B いいえ、飛行機に 乗った ことは ありませんが、

＿＿＿＿＿＿＿＿＿＿＿＿＿＿＿＿＿＿＿＿＿＿
배를 탄 적은 있어요.

2 A 東京に 行った ことが ありますか。

B いいえ、東京に 行った ことは ありませんが、

＿＿＿＿＿＿＿＿＿＿＿＿＿＿＿＿＿＿＿＿＿＿
오사카에 간 적은 있어요.

3 A 日本人と デートした ことが ありますか。

B いいえ、日本人と デートした ことは ありませんが、

＿＿＿＿＿＿＿＿＿＿＿＿＿＿＿＿＿＿＿＿＿＿
인터넷에서 채팅한 적은 있어요.

4 A 焼酎を 飲んだ ことが ありますか。

B いいえ、焼酎を 飲んだ ことは ありませんが、

＿＿＿＿＿＿＿＿＿＿＿＿＿＿＿＿＿＿＿＿＿＿
맥주를 마신 적은 있어요.

あまり詳しく聞かないでください。

너무 자세하게 묻지 마세요.

Step 1 필수 단어 익히기

初恋	첫사랑	幼稚園	유치원
担任	담임	小学校	초등학교
秘密	비밀	中学校	중학교
料理	요리	高校	고등학교
禁止	금지	大学	대학
禁煙室	금연실	大学院	대학원
詳しく	자세히, 상세히	タバコを吸う	담배를 피우다
優しい	상냥하다	写真を撮る	사진을 찍다
痛む	아프다	車を止める	차를 세우다
遅れる	늦다	無理する	무리하다

✏️ 제시된 단어를 예와 같이 일본어로 써 보세요.

예
금연실 **禁煙室**

1 대학

2 금지

3 담임

4 상세히

5 무리하다

6 첫사랑

❶ 동사의 부정형(ない형)

I그룹 동사 (5단 동사)	어미 う단 → あ단 + ない (예외 ~う → ~わない)
II그룹 동사 (상하 1단 동사)	어간 + ない
III그룹 동사 (불규칙 동사)	来る ➡ 来ない / する ➡ しない

※ 각 품사의 부정형

명사	+ では[じゃ]ない	学生ではない
い형용사 어간	+ くない	おいしくない
な형용사 어간	+ では[じゃ]ない	有名ではない

❷ ～ないでください ～(하)지 마세요, ～(하)지 말아 주세요

❸ ～でした ～이었습니다

～じゃありませんでした ～(하)지 않았습니다

✏️ **빈칸에 알맞은 말을 넣어 보세요.**

1 明日は 学校に ＿＿＿＿＿＿＿＿＿＿＿。
　　　　　　　　가지 않는다

2 お酒を ＿＿＿＿＿＿＿＿＿＿＿。
　　　　마시지 마세요

3 約束を ＿＿＿＿＿＿＿＿＿＿＿。
　　　　잊지 말아 주세요

4 真面目な 学生＿＿＿＿＿＿＿＿＿。
　　　　　　　　　이었습니다

5 とても ＿＿＿＿＿＿＿＿＿＿＿。
　　　　유명했습니다

24

✏️ 빈칸에 알맞은 말을 넣어 보세요.

Ⅰ **1** 図書館ですから、＿＿＿＿＿＿＿＿＿＿＿＿。
여기서 자지 말아 주세요

2 これは　秘密ですから、＿＿＿＿＿＿＿＿＿＿＿＿。
다른 사람에게 이야기하지 마세요

3 授業中ですから、＿＿＿＿＿＿＿＿＿＿＿＿。
장난치지 마세요

4 寒いですから、＿＿＿＿＿＿＿＿＿＿＿＿。
창문을 열지 말아 주세요

5 たばこは　よく　ないですから、＿＿＿＿＿＿＿＿＿＿。
피우지 마세요

Ⅱ **1** A 旅行は　楽しかったですか。

B はい、＿＿＿＿＿＿＿＿＿＿＿＿。
즐거웠습니다

2 A 料理は　おいしかったですか。

B はい、＿＿＿＿＿＿＿＿＿＿＿。
맛있었습니다

3 A 景色は　きれいでしたか。

B はい、＿＿＿＿＿＿＿＿＿＿。
아름다웠습니다

4 A 店員は　親切でしたか。

B いいえ、＿＿＿＿＿＿＿＿＿＿＿＿。
친절하지 않았습니다

5 A 交通は　便利でしたか。

B いいえ、＿＿＿＿＿＿＿＿＿＿＿＿。
편리하지 않았습니다

会社を辞めないほうがいいですよ。

회사를 그만두지 않는 편이 좋아요.

Step 1 　필수 단어 익히기

まいにち 毎日	매일	あかじ 赤字	적자
きゅうりょう 給料	월급, 급료	くすり 薬	약
こんばん 今晩	오늘 밤	ねつ 熱	열
いけん 意見	의견	さら お皿	접시
なや 悩み	고민	うんどう 運動	운동
さいふ 財布	지갑	りゅうがく 留学	유학
すく 少ない	적다	きたい 期待	기대
かんが 考える	생각하다	みま お見舞い	병문안
おも 思う	생각하다	つか 疲れる	피곤하다
きそくてき 規則的	규칙적	うんてんめんきょ と 運転免許を取る	운전면허를 따다

✏️ 제시된 단어를 예와 같이 일본어로 써 보세요.

예

규칙적　規則的

1 매일	**2** 급료	**3** 의견
4 유학	**5** 기대	**6** 병문안

📝 **Step 2** 핵심 문법 복습하기

---

❶ **～ないほうがいい** ～(하)지 않는 편이 좋다

（동사의 부정형(ない형) + ほうが いい）

❷ **～と思います** ～라고 생각합니다
　　　　　　おも

❸ **～たほうがいい** ～하는 편이 좋다

（동사의 과거형(た형) + ほうが いい）

❹ **～てしまう[～ちゃう]** ～고 말다, ～해 버리다

　～でしまう[～じゃう]

✏️ 빈칸에 알맞은 말을 넣어 보세요.

- -

1 タバコは ＿＿＿＿＿＿＿＿＿＿＿＿＿＿＿。
　　　　　　피우지 않는 편이 좋습니다

2 あまり　無理＿＿＿＿＿＿＿＿＿＿＿＿。
　　　　　　むり
　　　　　　　　　하지 않는 편이 좋습니다

3 毎日　こつこつ　勉強した　ほうが　いい＿＿＿＿＿＿＿＿。
　　まいにち　　　　　べんきょう
　　　　　　　　　　　　　　　　　　　　　　　고 생각합니다

4 朝早く　＿＿＿＿＿＿＿＿＿＿＿＿＿。
　あさはや
　　　　　일어나는 편이 좋습니다

5 忘れて　＿＿＿＿＿＿＿＿＿＿。
　わす
　　　　　말았습니다

💬 **Step 3** 회화 연습하기

✏️ 빈칸에 알맞은 말을 넣어 보세요.

Ⅰ **1** A 留学に 行ったほうが いいですか。行かないほうが
いいですか。
B そうですね。_____ と 思います。
　　　　　　　유학 가는 편이 좋다

2 A お酒を 飲んだほうが いいですか。飲まないほうが
いいですか。
B そうですね。_____ と 思います。
　　　　　　　술을 마시지 않는 편이 좋다

3 A 熱が あるんですけど。
B そうですか。_____
　　　　　　　오늘은 운동을 쉬는 편이 좋겠어요.

4 A 恋人と けんかしたんですけど。
B そうですか。_____
　　　　　　　화해하는 편이 좋겠어요.

5 A 友達が 入院したんですけど。
B そうですか。_____
　　　　　　　빨리 병문안 가는 편이 좋겠어요.

6 A 疲れて 何も したくないんですけど。
B そうですか。_____
　　　　　　　너무 무리하지 않는 편이 좋겠어요.

Ⅱ **1** A どうしたんですか。
B 会議に _____。
　　　　늦어 버렸어요

2 A どうしたんですか。
B 財布を _____。
　　　　잃어버렸어요

3 A どうしたんですか。
B 試験に _____。
　　　　떨어지고 말았어요

4 A どうしたんですか。
B 赤字に _____。
　　　　되고 말았어요

Lesson 01

🔍 step 1

1 食堂　しょくどう　　2 嬉しい　うれしい　　3 行く　い
4 遊ぶ　あそ　　5 寝る　ね　　6 映画　えいが

📝 step 2

1 会います　あ　　　　2 行きます　い
3 話します　はな　　　4 待ちます　ま
5 死にました　し　　　6 飲みました　の
7 帰りました　かえ　　8 見ません　み
9 食べません　た　　　10 来ませんでした　き

💬 step 3

Ⅰ 1 行きますか / 行きます　い/い
　2 飲みますか / 飲みません　の/の
　3 話しますか / 話します　はな/はな
　4 起きますか / 起きません　お/お

Ⅱ 1 帰りましたか / 帰りました　かえ/かえ
　2 行きましたか / 行きませんでした　い/い
　3 見ましたか / 見ました　み/み
　4 しましたか / しました
　5 来ましたか / 来ませんでした　き/き

Lesson 02

🔍 step 1

1 旅行　りょこう　　2 散歩　さんぽ　　3 週末　しゅうまつ
4 出発　しゅっぱつ　5 食事　しょくじ　6 景色　けしき

📝 step 2

1 に　　　　　　2 会いに　あ
3 し　　　　　　4 飲みませんか　の
5 勉強しましょう　べんきょう　6 遊びましょうか　あそ

💬 step 3

Ⅰ 1 スキーに
　2 ドライブに
　3 映画を見に　えいが　み
　4 お酒を飲みに　さけ　の
　5 泳ぎに　およ

Ⅱ 1 ビールを飲みましょう。　の
　2 おすしを食べましょう。　た
　3 明洞へ行きましょう。　ミョンドン　い
　4 ドリームランドに行きましょう。　い

Lesson 03

🔍 step 1

1 結婚　けっこん　　2 恋人　こいびと　　3 残業　ざんぎょう
4 美しい　うつく　　5 帰る　かえ　　　　6 お昼　ひる

📝 step 2

1 行きたい　い　　　　2 結婚したい　けっこん
3 食べたくない　た　　4 ほしい
5 なりたい

💬 step 3

Ⅰ 1 日本語で話したいです　にほんご　はな
　2 友達と遊びたいです　ともだち　あそ
　3 早く家に帰りたいです　はや　いえ　かえ

4 恋人と 別れたくないです
5 残業したくないです

Ⅱ 1 かばんが 一番 ほしいです。
2 ラーメンが 一番 食べたいです。
3 コーヒーが 一番 飲みたいです。
4 沖縄へ 一番 行きたいです。

Lesson 04

🔍 step 1

1 顔　　　2 洗う　　　3 教える
4 説明する　5 乗り換える　6 住所

📝 step 2

1 起きて
2 乗って
3 書いて ください
4 して ください
5 聞きながら

💬 step 3

Ⅰ 1 地下鉄に 乗って 会社に 行きます。
2 コーヒーを 飲んで 仕事を 始めます。
3 友達に 会って 食事を します。
4 家に 帰って シャワーを 浴びます。
5 シャワーを 浴びて 寝ます。

Ⅱ 1 授業中ですから、静かに してください。
2 高いですから、安く してください。
3 忙しいですから、手伝って ください。
4 分からないですから、教えて ください。
5 よく 聞こえないですから、大きい 声で
言って ください。

Lesson 05

🔍 step 1

1 雨　　　2 教師　　　3 座る
4 習う　　5 住む　　　6 入る

📝 step 2

1 書いて
2 降って います
3 住んで います
4 着て いる
5 本を 読んで いる

💬 step 3

Ⅰ 1 話して います
2 歌って います
3 読んで います
4 して います
5 して います

Ⅱ 1 眼鏡を かけて いる
2 ミニスカートを はいて いる
3 帽子を かぶって いる
4 ジュースを 飲んで いる
5 笑って いる

Lesson 06

🔍 step 1

1 両親　　　2 兄弟　　　3 息子
4 娘　　　　5 妹　　　　6 姉 / お姉さん

📝 step 2

1 お祖父さん / 祖母 / お父さん / 母 /
お兄さん / 姉 / 弟さん / 妹

2 おいくつ

💬 **step 3**

Ⅰ 1 母と父と
2 父と母と弟と
3 祖父と祖母と母と兄と
4 父
5 だれにも

Ⅱ 1 父
2 兄は 34 歳です。
3 弟は 27 歳です。
4 妹は 20 歳です。

Lesson 07

🔍 **step 1**

1 欠席　　2 遅刻　　3 試験
4 書類　　5 読書　　6 飛行機

📝 **step 2**

1 会った
2 勉強した
3 行った ことが あります
4 なんです
5 便利なんです

💬 **step 3**

Ⅰ 1 見た ことが あります
2 食べた ことが ありません
3 入院した ことが あります
4 カンニングした ことが ありません
5 居眠りした ことが あります

Ⅱ 1 船に 乗った ことは あります。
2 大阪に 行った ことは あります。

3 インターネットでチャットした こと
はあります。
4 ビールを 飲んだ ことは あります。

Lesson 08

🔍 **step 1**

1 大学　　2 禁止　　3 担任
4 詳しく　　5 無理する　　6 初恋

📝 **step 2**

1 行かない
2 飲まないで ください
3 忘れないで ください。
4 でした
5 有名でした

💬 **step 3**

Ⅰ 1 ここで 寝ないでください
2 他の人に 話さないでください
3 いたずらを しないでください
4 窓を 開けないでください
5 吸わないでください

Ⅱ 1 楽しかったです
2 おいしかったです
3 きれいでした
4 親切じゃありませんでした
5 便利じゃありませんでした

Lesson 09

🔍 **step 1**

1 毎日　　2 給料　　3 意見
4 留学　　5 期待　　6 お見舞い

1 吸わない ほうが いいです

2 しない ほうが いいです

3 と 思います

4 起きた ほうが いいです

5 しまいました

Ⅰ 1 留学に 行った ほうが いい

2 (お酒を)飲まない ほうが いい

3 今日は 運動を 休んだ ほうが いいです
よ。

4 仲直りした ほうが いいですよ。

5 早く お見舞いに 行った ほうが いいで
すよ。

6 あまり 無理しないほうが いいですよ。

Ⅱ 1 遅れちゃったんです

2 忘れちゃったんです

3 落ちちゃったんです

4 なっちゃったんです